# LES

# SONNERIES ÉLECTRIQUES

## INSTALLATION ET ENTRETIEN

PAR GEORGES FOURNIER

INGÉNIEUR ÉLECTRICIEN

D'APRÈS O. CANTER

51 figures dans le texte.

## PARIS

### BERNARD TIGNOL, ÉDITEUR

45, QUAI DES GRANDS-AUGUSTINS

ANGERS, IMP. BURDIN ET C^{ie}, RUE GARNIER, 4.

BIBLIOTHÈQUE DES ACTUALITÉS INDUSTRIELLES

— N° 10 —

# LES

# SONNERIES ÉLECTRIQUES

## INSTALLATION ET ENTRETIEN

PAR GEORGES FOURNIER

INGÉNIEUR ÉLECTRICIEN

D'APRÈS O. CANTER

Avec 51 figures dans le texte

PARIS

BERNARD TIGNOL, ÉDITEUR

45, QUAI DES GRANDS-AUGUSTINS

—

1886

# PRÉFACE

Le volume de la Bibliothèque des actualités industrielles que nous publions aujourd'hui est tiré en partie d'un ouvrage qui vient de paraître en Autriche, sous la signature de M. O. Canter, inspecteur des télégraphes, et qui a pour titre : *La Télégraphie de la Maison et de l'Hôtel*. Nous en avons supprimé la description des piles électriques ainsi que les applications du téléphone, ces deux sujets ayant été l'objet de volumes spéciaux publiés récemment dans la Bibliothèque des Actualités Industrielles. Par contre, nous y avons ajouté quelques exemples d'installation de sonneries électriques telles qu'elles se présentent dans la pratique, qui permettront à tout lecteur d'opérer la pose et de faire fonctionner les appareils sans avoir recours aux hommes du métier ; enfin nous avons terminé en donnant quelques renseignements sur les sonneries électromagnétiques, c'est-à-dire fonctionnant sans le secours des piles électriques. Quoique petit, ce volume ne manque pas d'intérêt, et il fera utilement partie de la bibliothèque de toute personne qui pratique les applications de l'électricité.

# TABLE DES MATIÈRES

# TABLE DES FIGURES

# UNITÉS ÉLECTRIQUES

## Unités dont on se sert pour les mesures électriques.

### I. — *Unités absolues.*

Les unités absolues ou C. G. S. (centimètre-gramme-seconde) sont :

1. *Unité de longueur*, 1 centimètre.
2. *Unité de temps*, 1 seconde.
3. *Unité de force.* L'unité de force est la force qui, agissant pendant une seconde sur une masse librement mobile du poids de 1 gramme, communique à cette masse une vitesse de 1 centimètre par seconde.
4. *L'unité de travail* est le travail accompli par l'unité de force parcourant une distance de 1 centimètre. Cette unité, à Paris, est égale à 0 centimètre-gramme, 001 019 15. En d'autres termes, il faut 980,868 unités de force pour élever d'un centimètre le poids d'un gramme.
5. *L'unité de quantité électrique* est la quantité d'électricité qui, agissant sur une égale quantité, éloignée de 1 centimètre, exerce une force égale à l'unité de force.
6. *L'unité de potentiel ou de force électromotrice* existe entre deux points, quand l'unité de quantité électrique, dans son mouvement d'un point à un autre, a besoin de l'unité de force pour surmonter la répulsion électrique.
7. *L'unité de résistance* est l'unité qui ne permet qu'à une unité de quantité de franchir en une seconde deux points entre lesquels existe l'unité de potentiel.

### II. — *Unités pratiques.*

Les unités, dites *pratiques*, des mesures électriques, sont :

1. Le weber, unité de quantité magnétique $= 10^8$ unités C. G. S.
2. L'ohm[1],    —    de résistance       $= 10^9$   —   —

---

[1]. 1 ohm est égal à 1,093 unités Siemens et à peu près égal à la résistance de 48ᵐ de fil de cuivre pur, d'un diamètre de 1 millim., à une température de 0°.

3. Le volt[1],   unité   de force électromotrice  $= 10^8$ unités C. G. S.
4. L'ampère[2],   —      d'intensité                $= 10^1$   —    —
5. Le coulomb[3],  —     de quantité             $= 10^1$   —    —
6. Le watt[4],   —      de force                   $= 10^7$   —    —
7. Le farad,    —      de capacité             $= 10^9$   —    —

## UNITÉS DE RÉSISTANCE

| NOM DE L'UNITÉ | C. S. I. | OHM. | SIE-MENS. | LIEUE d'Allemagne fil de fer 4mm | LIEUE de France fil de fer 7mm | LIEUE Anglaise fil de cuivre 7-6mm |
|---|---|---|---|---|---|---|
| C. S. I............ | 1 | 10,9 | $1,05.10^{-9}$ | $18,12^{-12}$ | $105,10^{-12}$ | $74,10^{12}$ |
| Ohm..... ....... | $10^9$ | 1 | 1,05 | 0,018 | 0,105 | 0,074 |
| Siemens.......... | $95,10^7$ | 0,95 | 1 | 0,017 | 0,1 | 0,071 |
| Lieue d'Allemagne. | $57,10^9$ | 57 | 60 | 1 | 6 | 4,26 |
| Lieue de France... | $95,10^5$ | 9,0 | 10 | 0,17 | 1 | 0,71 |
| Mille anglais...... | $13414,10^9$ | 13,414 | 14,12 | 0,235 | 1,41 | 1 |

## UNITÉS DE COURANT

| NOM DE L'UNITÉ | C. S. I. | AMP. | DANIELL SIEMENS | JACOBI par minute | ARGENT mg par minute | CUIVRE mg par min. |
|---|---|---|---|---|---|---|
| C. G. S............ | 1 | 10 | 8,5 | 105,2 | 676,5 | 198,6 |
| Ampère........ .. | 0,1 | 1 | 0,85 | 10,52 | 67,65 | 19,86 |
| Daniell-Siemens... | 0,117 | 1.17 | 1 | 12,31 | 78,95 | 23,23 |
| Jacobi............ | 0,958 | 0,095 | 0,082 | 1 | 6,4 | 1,89 |
| Argent mg........ | 0,148 | 0,015 | 0,013 | 0,156 | 1 | 0,29 |
| Cuivre mg........ | 0,502 | 0,05 | 0,043 | 0,529 | 3,41 | 1 |

1. Un volt est inférieur de 5 à 10 0/0 à la force électromotrice d'un élément Daniell.

2. Le courant qui, sous l'influence d'une force électromotrice de 1 volt, est capable de traverser en une seconde l'unité de résistance, est égal à 1 ampère.

3. On appelle coulomb la quantité d'électricité qui donne 1 ampère par seconde

4. Un watt $=$ ampère $\times$ volt.

Un *horse power* ou cheval-vapeur anglais $= \dfrac{\text{ampère} \times \text{volt}}{746}$,

Un cheval-vapeur $= \dfrac{\text{ampère} \times \text{volt}}{735}$.

Les unités centimètre-gramme-seconde (C. G. S.) proposées par Thomson et admises par le Congrès, ne sont pas les seules dont on fasse usage : on se sert encore des unités mètre-gramme-seconde (M. G. S.) employées par la *British Association* (B. A.) et des unités millimètre-milligramme-seconde (M. M. S.) indiquées par Gauss-Weber. Je donne ci-dessous un tableau d'ensemble qui comprend même des sous-divisions.

| | C. G. S. | M. G. S. | M. M. S. | UNITÉS arbitraires. |
|---|---|---|---|---|
| Mégohm.......... | $10^{15}$ | $10^{13}$ | $10^{16}$ | 1,0493 unités Siemens |
| Ohm............. | $10^{9}$ | $10^{7}$ | $10^{10}$ | |
| Microhm........ | $10^{3}$ | $10$ | $10^{4}$ | |
| Mégavolt........ | $10^{14}$ | $10^{11}$ | $10^{17}$ | |
| Volt............ | $10^{8}$ | $10^{5}$ | $10^{11}$ | 0,9 unités D. |
| Microvolt....... | $10^{2}$ | $10^{-1}$ | $10^{4}$ | |
| Mégoampère..... | $10^{5}$ | $10^{4}$ | $10^{7}$ | |
| Ampère coulomb par seconde.... | $10^{-1}$ | $10^{-2}$ | $10$ | |
| Microampère..... | $10^{-7}$ | $10^{-8}$ | $10^{-6}$ | 10,52 unités Jacobi. |
| Farad........... | $10^{-9}$ | $10^{-7}$ | $10^{-10}$ | |
| Microfarad ...... | $10^{-15}$ | $10^{-13}$ | $10^{-10}$ | |

# INTRODUCTION

Lorsque l'on met deux métaux différents en contact, ou qu'on les réunit par un conducteur métallique, il se produit au point de contact une force (force électro-motrice) qui rend les deux plaques électriques. Il se forme sur l'une de l'électricité positive ($+ E$), sur l'autre de l'électricité négative ($- E$) qui tendent à se réunir. Cette réunion ne peut cependant se produire qu'au moyen d'un conducteur, dit indifférent, un liquide, par exemple.

Ce fut Galvani qui découvrit la production de l'électricité par le contact de deux métaux différents, et Volta qui construisit le premier des appareils propres à produire des courants électriques.

Depuis, les éléments voltaïques ont subi de grands et nombreux perfectionnements. Il n'entre pas dans le cadre de cet ouvrage d'en donner la description que le lecteur trouvera dans tous ses détails dans le volume qui vient de paraître à la même librairie sous le titre de : *Les Piles électriques, thermo-électriques et les accumulateurs*[1], nous nous bornerons à mentionner que pour leur emploi aux sonneries électriques, il faut choisir des éléments ne consommant pas ou presque pas en circuit ouvert; éléments au sulfate de cuivre, éléments au sel marin, éléments Leclanché, etc.

Les éléments que l'on emploie pour le service des

1. Hauck, édition française de G. Fournier. *Les Piles électriques, thermo-électriques et les accumulateurs*. 1 vol. in-16, figures. Paris, Bernard Tignol 1885, 4 fr.

sonneries électriques sont généralement montés en tension, c'est-à-dire les uns derrière les autres, comme le représente la figure 1. Il existe d'autres manières de les disposer, mais avant de nous en occuper, nous

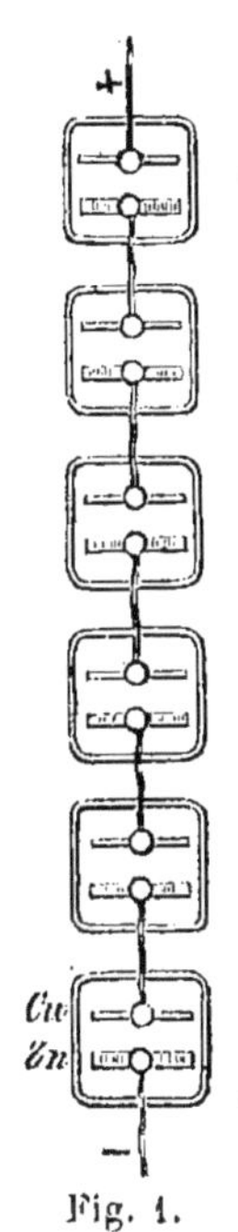


Fig. 1.

allons apprendre à connaitre les différents facteurs desquels dépend l'intensité d'une batterie.

D'après la loi formulée par Ohm en 1827, et qui porte son nom, l'intensité est directement proportionnelle à la tension, ou force électromotrice de la batterie, et indirectement proportionnelle à la résistance que l'électricité mise en mouvement rencontre dans son conducteur.

Cette résistance est double : elle comprend celle du conducteur indifférent, c'est-à-dire du liquide dans lequel baignent les électrodes et celle du conducteur métallique qui ferme le circuit. On nomme la première résistance intérieure, la deuxième résistance extérieure.

Sous forme mathématique dans laquelle I représente la force du courant, $e$ la force électromotrice d'un élément, $r$ la résistance d'un élément, $n$ le nombre des éléments d'une batterie montée en tension et $l$ la résistante extérieure,

Cette loi s'écrit :

$$I = \frac{ne}{nr + l}$$

Si la résistance extérieure est assez faible pour qu'en présence de la résistance intérieure, on puisse ne pas en tenir compte, il en résulte que :

$$I = \frac{ne}{nr} = \frac{r}{e},$$

c'est-à-dire que, dans ces conditions, un seul élément agit avec autant de force que plusieurs éléments disposés l'un derrière l'autre. Une augmentation de la batterie ne produirait pas dans ce cas un plus grand résultat.

Si par contre on peut négliger la résistance de la batterie, par rapport à la résistance extérieure, la force du courant est directement proportionnelle au nombre des éléments mis en action.

Et nous avons alors:

$$I = \frac{ne}{l}.$$

Si on ne dispose point les éléments en tension, comme le représente la figure 1, mais si, au contraire, on relie, d'après le principe représenté par la figure 2, tous les pôles positifs ensemble, et tous les pôles négatifs ensemble, c'est-à-dire si l'on dispose les éléments parallèlement ou en quantité, les paires de plaques $n$ ne forment plus qu'un seul élément dans lequel la surface des plaques en contact avec le liquide conducteur est $n$ fois plus grande que celle d'un seul élément.

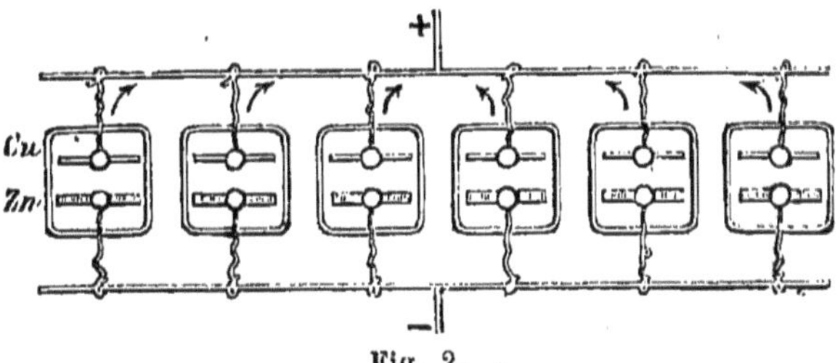

Fig. 2.

La force électromotrice ne dépend plus alors que de la nature des plaques métalliques et non de leurs dimensions; par contre la résistance intérieure diminue, avec la grandeur des plaques, elle est indirectement proportionnelle à leur section transversale. Nous avons donc pour la dernière disposition, si $n$ représente le nombre des éléments présents :

$$I_1 = \frac{c}{\dfrac{r}{n} + l} = \frac{nc}{r + nl}.$$

Si nous admettons la résistance extérieure comme très petite, par rapport à celle de la batterie, il en résulte que

$$l_1 = \frac{r}{ne},$$

c'est-à-dire que la force du courant est proportionnelle à la surface ou au nombre des éléments réunis.

Lorsque l'on veut réunir en une batterie en tension plusieurs éléments disposés en quantité, on n'opère la

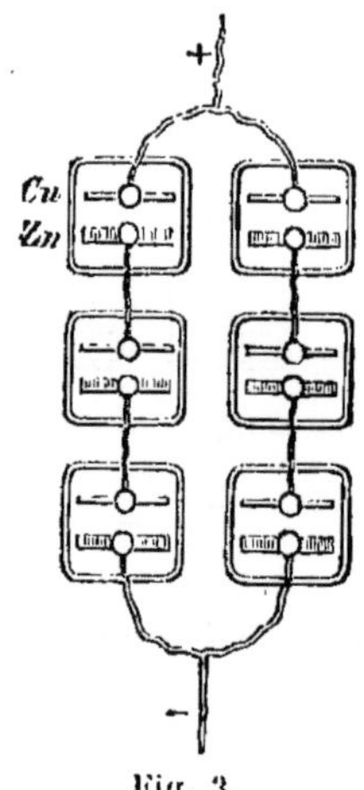



Fig. 3.

réunion en tension que des pôles libres des séries réunies en quantité.

La figure 3 représente la disposition d'une batterie de 6 éléments montée avec des éléments à double plaque. Le courant qui circule dans le circuit d'une résistance $l$ a comme intensité :

$$l_2 = \frac{3e}{\dfrac{3r}{2} + l} = \frac{6e}{3r + 2l}.$$

Dans la disposition représentée par la figure 4, la batterie se compose de 2 éléments à 3 plaques.

$$I_3 = \frac{2e}{\dfrac{2r}{2} + l} = \frac{6e}{2r + 3l}.$$

Nous pouvons donc réunir 6 éléments en batterie de quatre manières différentes.

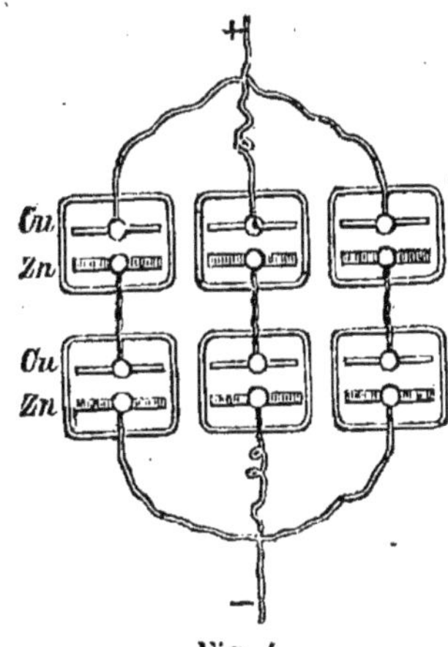


Fig. 4.

Pour 12 éléments, nous avons 6 dispositions :

1. 12 éléments en tension ;
2. 12 — en quantité ;
3. 6 — à double plaque ;
4. 4 — à 3 plaques ;
5. 3 — à 4 — 
6. 2 — à 6 —

L'intensité pour chacune de ces dispositions résulte des formules suivantes :

1. Pour 12 éléments en tension :

$$I = \frac{12c}{12r + l};$$

2. Pour 12 éléments en quantité :

$$I_1 = \frac{e}{\dfrac{r}{12} + l} = \frac{12c}{r + 12l};$$

3. Pour 6 éléments à double plaque :

$$I_2 = \frac{6e}{\dfrac{6r}{2} + l} = \frac{12e}{6r + 2l};$$

4. Pour 4 éléments à 3 plaques :

$$I_3 = \frac{4e}{\dfrac{4r}{3} + l} = \frac{12e}{4r + 3l};$$

5. Pour 3 éléments à 4 plaques :

$$I_4 = \frac{3e}{\dfrac{3r}{4} + l} = \frac{12e}{3r + 4l};$$

6. Pour 2 éléments à 6 plaques :

$$I_5 = \frac{2e}{\dfrac{2r}{6} + l} = \frac{12e}{2r + 6l}.$$

La disposition que l'on doit adopter dépend de la grandeur de la résistance extérieure, c'est-à-dire de la résistance de la ligne y compris les appareils qui se trouvent dans le circuit. Avec une résistance extérieure très grande, il faut, dans tous les cas, que les éléments soient disposés en tension; si, au contraire, ainsi qu'il arrive le plus souvent dans les dispositions électriques pour les habitations particulières ou les hôtels, la résistance du circuit est faible, il faudra prendre la disposition qui assure le meilleur emploi des matériaux de la batterie, c'est-à-dire, d'après les principes que nous avons indiqués pour un nombre déterminé d'éléments, choisir la disposition *dans laquelle la résistance intérieure s'approche le plus de la résistance extérieure, et même est égale à celle-ci.*

En supposant, par exemple, que nous disposions de 12 éléments ayant chacun une résistance $r = 6$ unités, comment faudrait-il les réunir en batterie, pour obtenir la plus grande intensité de courant sur un circuit ayant 8 unités de résistance?

La résistance intérieure est :

1. Pour 12 éléments montés en tension :

$$r = 12 . 6 = 72 \text{ unités} ;$$

2. Pour 12 éléments disposés en quantité :

$$r_1 = \frac{6}{12} = \frac{1}{2} \text{ unité} ;$$

3. Pour 6 éléments à double plaque :

$$r_2 = \frac{6 . 6}{2} = 18 \text{ unités} ;$$

4. Pour 4 éléments à 3 plaques :

$$r_3 = \frac{4 . 6}{3} = 8 \text{ unités} ;$$

5. Pour 3 éléments à 4 plaques :

$$r_4 = \frac{3 \cdot 6}{4} = 4\frac{1}{2} \text{ unités ;}$$

6. Pour 6 éléments à 6 plaques :

$$r_5 = \frac{2 \cdot 6}{6} = 2 \text{ unités.}$$

D'après ce qui précède, la disposition de 4 éléments à 3 plaques, dont la résistance égale 8 unités, fournirait le mieux le courant pour une ligne de cette résistance.

L'intensité de cette disposition est :

$$I = \frac{4e}{8 + 8} = \frac{e}{4} = 0 \cdot 25e ;$$

tandis que les autres dispositions des 12 éléments ne fournissent que les intensités suivantes :

1. 12 éléments en tension :

$$I = \frac{12e}{72 + 8} = 0 \cdot 15e ;$$

2. 12 éléments en quantité :

$$I = \frac{e}{\frac{6}{12} + 8} = \frac{12e}{6 + 96} = 0 \cdot 12e ;$$

3. 6 éléments à double plaque :

$$I = \frac{6e}{\frac{6 \cdot 6}{2} + 8} = \frac{6e}{18 + 8} = 0 \cdot 23e ;$$

4. 3 éléments à 4 plaques :

$$I = \frac{3e}{\dfrac{3 \cdot 6}{4} + 8} = \frac{12e}{18 + 32} = 0 \cdot 24c\,;$$

5. 2 éléments à 6 plaques :

$$I = \frac{2e}{\dfrac{2 \cdot 6}{6} + 8} = \frac{12c}{2 \cdot 6 + 48} = 0.20c.$$

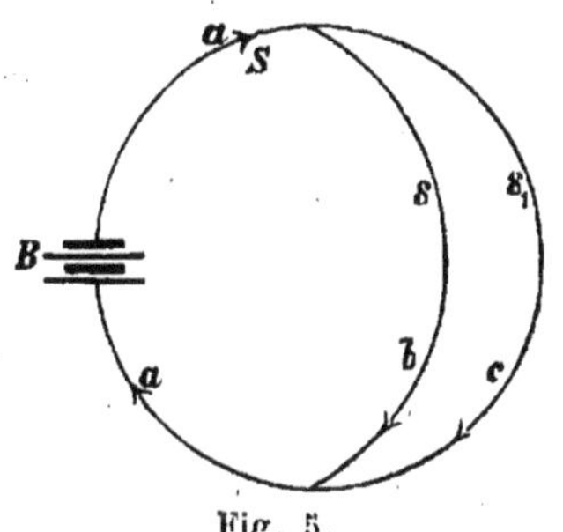


Fig. 5.

Lorsque les éléments sont disposés en quantité, il faut avoir soin de veiller à ce que tous les éléments se trouvent dans le même état, c'est-à-dire que la force électromotrice de chaque série soit égale; sans quoi, même sans qu'il existe de communication entre la batterie et la ligne, il circulerait dans l'intérieur de la batterie, un courant partant de la série ayant la plus grande force électromotrice qui agirait sur celle en possédant une plus faible, et donnerait lieu à une consommation inutile de zinc.

*Lorsque plusieurs voies sont ouvertes sur un point du circuit au courant électrique, l'intensité générale fournie par la batterie est égale à la somme des intensités dans les divers circuits séparés.*

Dans la figure 5, la ligne $a$ se partage entre les deux branches $b$ et $c$. Dans le conducteur $a$ qui n'est pas divisé, il circule un courant S, celui-ci se partage dans les conducteurs des branches $b$ et $c$. Les parties du courant qui traversent $s$ et $s^1$, se réunissent de nouveau dans la ligne, pour revenir au pôle négatif de la batterie.

D'après ce qui précède, le courant total S est dans la conduite d'aller et de retour désignée par $a$, égal à la somme des deux divisions du courant $s$ et $s^1$ dans les conduites $b$ et $c$. Mais les courants $s$ et $s^1$ n'ont une force égale que si les résistances des conducteurs $b$ et $c$ sont semblables, autrement ils ont une force inverse à la résistance de leur circuit, c'est-à-dire

$$s : s_1 = c : b.$$

De là résulte pour le calcul des forces de chacun des courants.

$$s = \frac{cs_1}{b} \quad \ldots \ldots \ldots \ldots \quad 1$$

Nous avions en premier lieu :

$$S = s + s_1$$

ou :

$$s = S - s_1 \quad \ldots \ldots \ldots \ldots \quad 2$$

Par l'équation des deux valeurs de $s$ nous avons

$$\frac{cs_1}{b} = S - s_1$$
$$cs_1 = bS - bs_1$$
$$s_1 = \frac{bS}{b + c} \quad \ldots \ldots \ldots \ldots \quad 3$$

Si l'on ajoute la valeur trouvée pour $s$, dans l'équation 1, il en résulte :

$$s = \frac{bc\,S}{b(b+c)} = \frac{cS}{b+c} \quad \ldots\ldots\ldots \quad 4$$

La résistance extérieure $l$ se compose dans le cas présent de la résistance $a$ du circuit devant et derrière l'embranchement et de la résistance qu'offrent les deux lignes d'embranchement $b$ et $c$ prises comme seul conducteur du courant principal.

Il nous reste donc maintenant à calculer la valeur de cette dernière résistance $x$ dite résistance réduite. Chaque branche de courant se comporte par rapport au courant général comme la résistance totale des lignes d'embranchements.

$$s : S = x : b$$
$$s = \frac{xS}{b}.$$

Nous avions d'abord :

$$s = \frac{cS}{b+c}$$
$$\frac{xS}{b} = \frac{cS}{b+c}$$
$$\frac{x}{b} = \frac{c}{b+c}$$
$$x = \frac{bc}{b+c}.$$

Nous avons donc pour le cas présent :

$$S = \frac{ne}{nr + a + \dfrac{bc}{b+c}}.$$

D'après ce qui précède, quel est le courant fourni par une batterie de 8 éléments réunis en tension, ayant chacun 5 unités de résistance, lorsque la résistance $a$ du conducteur non divisé $x$ est de 150 unités, la résistance $b$ d'une ligne d'embranchement de 20 et celle de $c$ de l'autre embranchement de 80 unités?

$$S = \frac{ne}{nr + a + \dfrac{bc}{bc}} = \frac{8 \cdot e}{8 \cdot 5 + 150 + \dfrac{20 \cdot 80}{20 + 80}}$$

$$S = 0 . 039e.$$

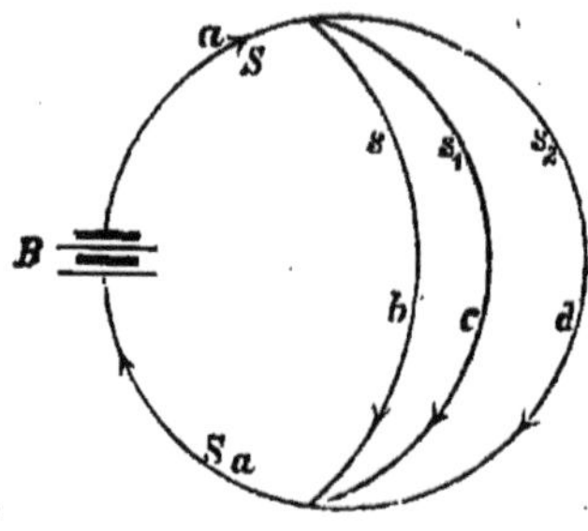


Fig. 6.

Quels sont les courants qui circulent dans les lignes d'embranchement $b$ et $c$?

Dans la ligne $b$ :

$$s = \frac{cS}{b + c} = \frac{80 \cdot 0{,}039e}{20 + 80} = 0 . 031e.$$

Dans la ligne $c$ :

$$s_1 = \frac{b \cdot S}{b + c} = \frac{20 \cdot 0{,}039e}{20 + 80} = 0 \cdot 008e.$$

Si le courant se divise en trois branches (figure 6) la somme des intensités dans les lignes $b$ et $c$ se comporte par rapport à celle du branchement $d$ comme la résistance réduite des deux premières branches :

$$s + s_1 : s2 = d : \frac{bc}{b+c}$$

$$\frac{bc}{b+c}(s + s_1) = ds2$$

$$s + s_1 = \frac{(b+c)\,ds2}{bc}$$

$$S = s + s_1 + s2$$

$$S + s_1 = S - s2$$

$$S - s2 = \frac{(b+c)\,ds2}{bc}$$

$$bcS - bcs2 = bds2 + cds2$$

$$s2 = \frac{bcS}{bc + bd + cd} \quad \dots \; 1$$

$$s : s2 = d : b$$

$$s2 = \frac{bs}{d}$$

$$\frac{b \cdot cS}{bc + bd + cd} = \frac{bs}{d}$$

$$s = \frac{bcdS}{b(bc + bd + cd)} = \frac{cdS}{bc + bd + cd} \quad \dots \; 2$$

$$s : s_1 = c : b$$

$$s = \frac{cs_1}{b}$$

$$\frac{cdS}{bc + bd + cd} = \frac{cs}{b}$$

$$s_1 = \frac{bcdS}{c(bc + bd + cd)} = \frac{bdS}{bc + bd + cd} \quad \dots \; 3$$

$$S = \frac{nc}{nr + a + y}$$

Pour nous rendre compte de la résistance réduite $y$, pour les trois lignes d'embranchement, figurons-nous que les deux lignes $b$ et $c$, dont nous avons déjà calculé la résistance $x$, sont réunies en une seule : nous avions

$$x = \frac{bc}{b+c}.$$

De la même manière nous obtenons la résistance réduite pour $x$ et $d$

$$y = \frac{dx}{d+x},$$

ou bien en introduisant pour $x$ la valeur trouvée plus haut

$$y = \frac{bcd(b+c)}{(bc+bd+cd)(b+c)} = \frac{bcd}{bc+bd+cd}$$

$$S = \frac{nc}{nr + a + \dfrac{bcd}{bc+bd+cd}}.$$

Quel courant peut fournir une batterie de 18 éléments, disposés en deux séries parallèles, lorsque la résistance $a$ du conducteur non divisé se monte à 10 unités et que celles $b$, $c$ et $d$ des lignes d'embranchement comportent respectivement 10, 20 et 30 unités ? ($r = 6$ unités.)

$$S = \frac{9e}{\dfrac{9 \cdot 6}{2} + 10 + \dfrac{10 \cdot 20 \cdot 30}{10 \cdot 20 + 10 \cdot 30 + 20 \cdot 30}} = 0,21e.$$

Dans la ligne $b$ :

$$s = \frac{cdS}{bc + bd\, cd} = \frac{20 \cdot 30 \cdot 0.21\, e}{10 \cdot 20 \cdot + 10 \cdot 30 + 20 \cdot 30} = 0.115e.$$

Dans la ligne $c$ :

$$s_1 = \frac{bd\mathrm{S}}{bc + bd + cd} = \frac{10.30.0.21e}{10.20. + 10.30 + 20.30} = 0,057e.$$

Dans la ligne $d$ :

$$s_2 = \frac{bc\mathrm{S}}{bc + bd + cd} = \frac{10.20.0,21e}{10.20 + 10.30 + 20.30} = 0.038e.$$

Les recherches faites sur la nature de la résistance des conducteurs électriques ont conduit à formuler les règles suivantes :

1. La résistance d'un conducteur est directement proportionnelle à sa longueur et indirectement proportionnelle à sa section transversale.

2. La résistance des métaux est moindre que celle des liquides.

3. La résistance des métaux augmente avec une élévation de température, mais non dans une proportion égale à celle-ci.

4. La résistance des liquides diminue avec une augmentation de température.

5. La résistance des métaux dépend de leur constitution matérielle.

D'après les recherches de Pouillet, et en prenant le cuivre pour unité :

| La résistance du cuivre | $= 1$ |
| --- | --- |
| — de l'argent | $= 0,73$ |
| — de l'or | $= 0,97$ |
| — du laiton | $= 3,57$ |
| — du platine | $= 4,54$ |
| — du fer | $= 5,88$ |
| — de l'argentan | $= 15,47$ |
| — du mercure | $= 38,46$ |

Pour pouvoir déterminer la résistance des conducteurs d'électricité, Jacobi a proposé de prendre pour unité de mesure, la résistance d'un fil de cuivre d'un mètre de longueur sur un millimètre de diamètre. On s'aperçut bientôt que le cuivre, par suite de ses différences de composition et de grandes variations dans sa résistance, n'était pas du tout propre à former un étalon de résistance, et le docteur Werner Siemens proposa le mercure, que l'on peut facilement obtenir à l'état de pureté, et dont la variation est très minime.

Il proposa comme unité de résistance un prisme de mercure d'un mètre de longueur sur un millimètre carré de section transversale.

Pour déterminer la résistance d'unités déterminées on se sert de la formule :

$$R = \frac{ls}{q},$$

où $l$ représente la longueur, $q$ la section transversale et $s$ la résistance spécifique du conducteur.

D'après les indications de Pouillet, la résistance du mercure, par rapport au cuivre, étant de 38,46, par contre la résistance spécifique du cuivre, par rapport à celle du mercure, sera

$$\frac{1}{38,46}.$$

Nous n'avons donc qu'à multiplier par cette fraction les chiffres indiqués plus haut par Pouillet, pour trouver la résistance spécifique de chacun des métaux par rapport au mercure. Quelle serait d'après ceci, en unités Siemens, la résistance d'un fil de laiton de 600 mètres de longueur sur 3 millimètres de diamètre?

$$l = 600$$

$$s = \frac{3,57}{38,46}$$

$$q = \frac{d2}{4}\pi = \frac{9 \cdot 3,1416}{4} = 7,07$$

$$R = \frac{600 \cdot 3,57}{7,07 \cdot 38,46} = 7,88 \text{ US.}$$

Quel diamètre doit avoir un fil de cuivre, qui doit remplacer comme longueur et comme résistance le fil de laiton de 600 mètres de longueur de 7,88 U. S. ?

$$l = 600$$

$$s = \frac{1}{38,46}$$

$$q = \frac{d2}{4}\pi$$

$$R = 7,88$$

$$R = \frac{ls}{q}$$

$$q = \frac{ls}{R}$$

$$q = \frac{d2}{4}\pi$$

$$\frac{d2}{4}\pi = \frac{ls}{R}$$

$$d = \sqrt{\frac{4ls}{\pi R}} = \sqrt{\frac{4 \cdot 600}{3,1416 \cdot 7,88 \cdot 38,46}} = 1,58 \text{ millimètres.}$$

Les valeurs trouvées par le calcul ne correspondent naturellement pas exactement aux résistances réelles qui ont à compter avec la pureté de la matière du conducteur et sa résistance spécifique.

Pour des déterminations exactes, il faut faire des mesures de résistance, que l'on obtient en se servant d'une batterie, de résistances artificielles et du galvanomètre.

Nous ne nous étendrons pas plus longuement sur ce sujet, qui nous entraînerait du reste trop loin, et nous aborderons aussitôt la description des appareils employés dans la télégraphie domestique.

# CHAPITRE PREMIER

## Les sonneries électriques employées aux usages domestiques.

Les appareils employés aux usages domestiques, se composent d'un excitateur de courant, qui agit souvent comme interrupteur, et d'un appareil qui produit un signal.

Pour mettre en mouvement les appareils qui produisent les signaux, on emploie deux systèmes différents :

Fig. 7.

le système des courants continus et celui des courants intermittents. Par l'emploi du dernier et pour produire un signal à la place de réception, on envoie un courant dans la ligne, c'est-à-dire, on met la ligne en communication avec une source de courant; par l'emploi du premier système, au contraire, le circuit du courant, fermé à l'état de repos, est ouvert pour transmettre un signal. Il est facile de comprendre que, suivant le système que l'on emploie, les appareils d'appel devront être construits d'une manière différente.

Les appareils qui se trouvent dans la ligne au point où l'on appelle et qui servent à envoyer ou à interrompre le courant s'appellent, lorsqu'il ne s'agit que de simples lignes de signaux, boutons d'appel, boutons de pression ou contacts.

Le bouton de pression représenté par la figure 7 se

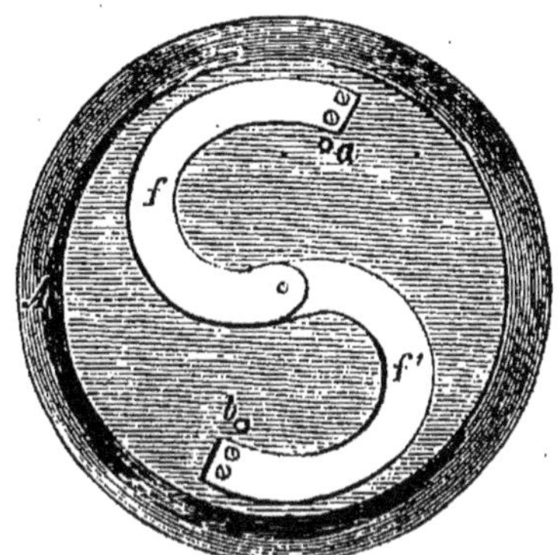

Fig. 8.

compose de 3 parties : de la plaque du fond A, en bois ou en corne qui porte les ressorts de contact $f$ et $f'$, du couvercle B en bois, corne, ivoire ou métal, qui se visse dessus, et du bouton N de corne ou d'ivoire. Les ressorts de contact en acier ou en argentan ont la forme représentée dans les figures 8 ou 9; ils sont réunis par des vis avec les bouts des fils conducteurs, que l'on met à nu et que l'on passe par les trous $a$ et $b$.

Le bouton C porte dans le bas, comme le montre la figure 10, un bord rond qui dépasse et qui l'empêche de sortir du couvercle B, dans lequel on ne peut le placer

qu'après avoir dévissé celui-ci de la plaque du fond A.
Pour visser de nouveau la plaque du fond, on tient le

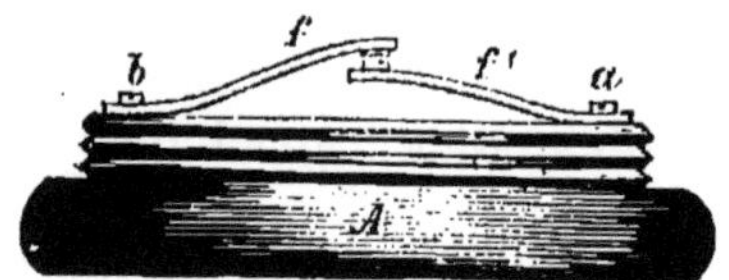

Fig. 9.

couvercle avec le bouton incliné vers le bas. Ceci fait,
si on presse sur le bouton, le ressort supérieur $f$ touche

Fig. 10.

celui qui se trouve au-dessous $f'$, et par suite le circuit
se trouve fermé.

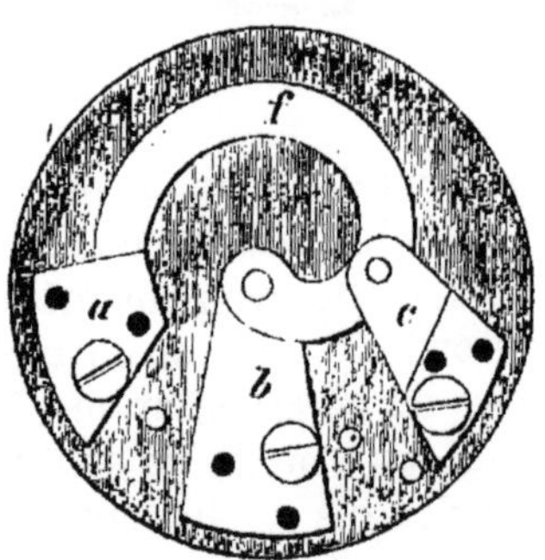

Fig. 11.

Le bouton de pression représenté par la figure 11
convient pour les deux systèmes dont nous avons parlé.

Avec le système des courants continus, on place les deux fils conducteurs (d'aller et retour) sur les attaches *a* et *e* tandis que *b* reste libre. Le ressort *f* fixé sur *a* presse d'en bas contre une pointe de contact de l'attache *c* et par suite ferme le circuit. Si, par une pression du bouton, le bout libre du ressort se trouve pressé

Fig. 12.

contre *b*, la communication avec *c* cesse et le circuit se trouve interrompu. Nous verrons plus loin comment on peut utiliser cet appareil pour les systèmes qui emploient des courants intermittents.

Dans les appels qui sont suspendus, les dispositions de contact se trouvent dans une poire de bois, corne ou ivoire. Les fils conducteurs qui doivent posséder, avec une grande souplesse, une grande solidité, sont isolés chacun séparément par des enroulements de fils

de soie, puis tournés ensemble en forme de corde, que
l'on recouvre encore de soie pour en augmenter la
solidité.

Dans l'appareil représenté par la figure 12, le bouton
d'appel se trouve à la partie inférieure de la poignée
qui a la forme d'une poire. Les deux fils qui partent des

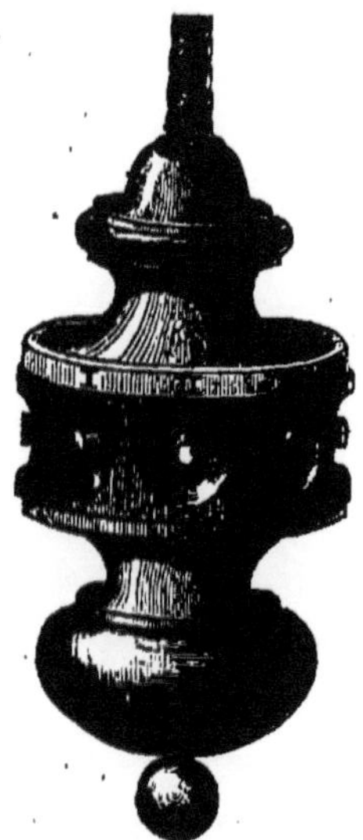

Fig. 13.

ressorts de contact qui sont à l'intérieur sont réunis en
une corde fixée au plafond et mis là en communication
soit au moyen de bornes, soit de toute autre manière
convenable avec les fils de la ligne.

La figure 13 nous montre un appareil suspendu pouvant agir sur plusieurs lignes. Les boutons d'appel sont
placés sur les côtés. Chacun d'eux est relié avec un fil
et un seul fil sert de conduite de retour pour tous. Pour

un appel à sept boutons par exemple, la corde de suspension se composerait donc de 8 fils isolés et réunis ensemble comme nous l'avons expliqué plus haut.

La figure 14 représente un appareil généralement

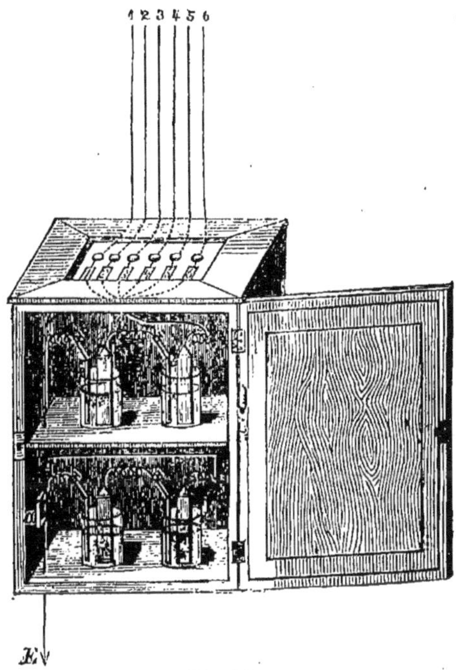


Fig. 14.

employé dans les théâtres, auquel on donne le plus souvent la forme d'un petit bureau. Les boutons d'appel sont placés sur le couvercle; ils doivent être suffisamment enfoncés pour qu'ils ne puissent être actionnés que volontairement et non par suite d'objets que l'on pourrait placer occasionnellement sur le bureau. L'in-

térieur est destiné à recevoir la batterie. La borne *a*
reçoit un des pôles de la batterie en même temps que
la conduite de retour E.

La figure 15 nous montre un appareil, généralement
connu sous le nom de coulisseau, dont la forme peut
varier à l'infini et qui sert de tirage de sonnette pour
les portes d'entrée des appartements et des maisons. A
l'état de repos le ressort spiral S tient le bouton de
tirage K contre le couvercle G; les deux ressorts de
contact *f* et *f¹* sont vissés par un bout sur un anneau

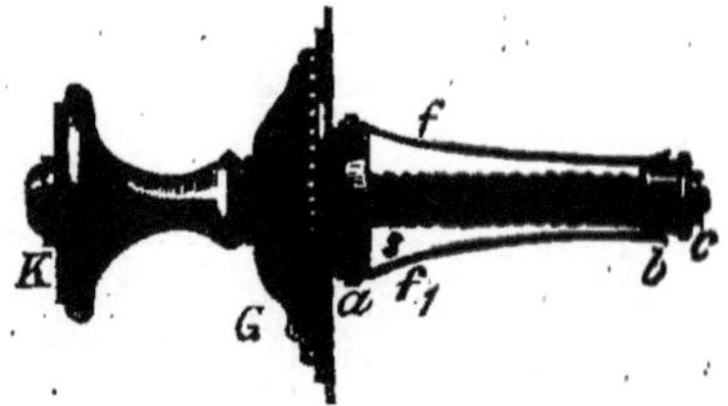

Fig. 15.

en corne *a*, tandis que l'autre repose sur un deuxième
anneau également en corne *b*, qui sert à les isoler.
Lorsque l'on vient à tirer de dehors le bouton K, les
deux extrémités libres des ressorts se rencontrent sur
la bague métallique C, et le contact s'établit.

Les appareils que nous venons de décrire sont ceux
généralement employés pour les sonneries domestiques
pour le service de l'appel, nous passerons maintenant
à la description des appareils récepteurs qui se divisent
en deux groupes, ceux qui produisent des signaux
pour l'oreille, les sonneries, et ceux qui fonctionnent
pour la vue, les tableaux indicateurs.

Les sonneries auxquelles on peut donner les aspects
les plus divers se composent presque toutes en principe,

1° D'une boîte en bois faite de deux parties : le fond sur lequel sont vissées toutes les pièces de l'appareil, et le couvercle qui sert à les préserver ;

2° D'un électro-aimant à double bobine fixé sur le fond de la boîte ;

3° D'une armature en fer garnie à son extrémité d'une boule métallique qui sert de marteau ;

4° D'un ressort antagoniste armé à son extrémité d'un contact en argent ou en platine ;

5° De la sonnerie proprement dite (timbre, grelot, clochette, etc.,) placée à proximité du marteau ;

6° De deux bornes destinées à recevoir les fils conducteurs qui relient l'appareil avec la pile et le circuit ;

7° Enfin de deux agrafes placées de chaque côté au dos de la boîte qui servent à fixer l'appareil contre le mur.

La fig. 16 nous donne le détail d'un appareil de ce genre. L'équerre en fer P porte les noyaux des bobines MM', ainsi que le ressort $f$, qui, à l'état de repos, tient l'armature A contre le contact mobile C. Cette armature se termine par une tige B légèrement recourbée et à ressort qui porte le marteau K.

La tige B se fait généralement avec un fort fil de laiton muni à ses deux extrémités de vis, au moyen desquelles on la fixe d'un côté avec l'armature, et de l'autre avec le marteau. Celui-ci ne doit point toucher le timbre, même si l'on appuie lentement l'armature avec le doigt contre la surface des pôles, il doit rester à la distance d'environ l'épaisseur d'une feuille de papier; ce n'est que l'attraction subite et énergique de l'armature qui doit faire venir le marteau sur le timbre, par suite de la vibration du ressort.

Les extrémités du fil d'enroulement sont placées sur

les bornes en laiton $a$ et $b$, qui reçoivent en même temps les fils de la ligne.

Une autre construction, plus ancienne, est représentée par la figure 17. Ici l'armature A est mise en mou-

Fig. 16.

vement au moyen d'une pièce allongée vers le bas tenue entre deux pointes de vis (invisibles dans le dessin) devant les surfaces des pôles de l'électro-aimant. La tige B est vissée sur le bord supérieur de l'armature. Le ressort $f$ est réglé par le déplacement du support $i$, il pousse l'armature à l'état de repos, contre la vis de contact *c*, qui doit être également réglée, et tient le marteau K éloigné du timbre. La position du support *i* se règle au moyen de la vis S.

Pour obtenir un bruit plus fort et plus strident, on emploie maintenant presque partout, pour les sonneries électriques, le système de l'interruption automatique. La figure 18 représente une sonnerie de ce système. La feuille du ressort *f* couvre toute l'armature A de façon

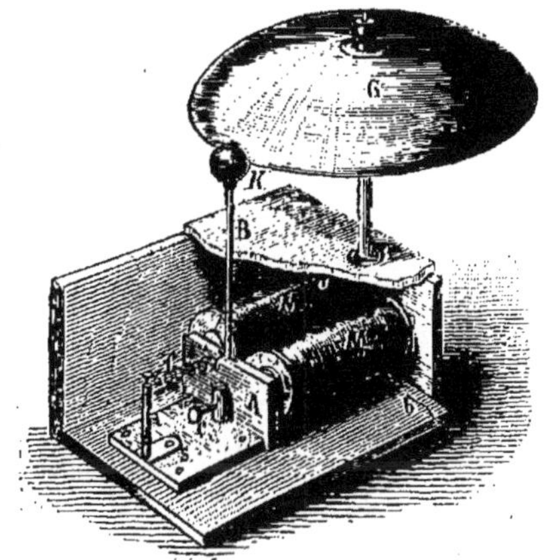

Fig. 17.

à faire ressort par son bout libre contre la vis de contact *c*. Celle-ci est isolée de la plaque du fond P, par un petit disque de réglage en ébonite ou en ivoire. L'un des bouts du fil d'enroulement des bobines électro-magnétiques MM′ est placé sur la borne *a* ; l'autre est, au moyen de la vis *d*, fixé sur la plaque du fond P ; la vis de contact *c* se trouve en communication avec la borne *b*.

Si l'on place sur les bornes *a* et *b* les fils conducteurs d'une batterie, le courant entrant par *a* prend son chemin par le fil d'enroulement, et retourne à la batterie par $d$, $f$, A, $c$, B, et le fil conducteur qui s'y rapporte, les noyaux de fer se magnétisent et attirent l'armature A. Pendant que celle-ci s'éloigne de $c$, le courant est

Fig. 18.

interrompu, de sorte que les noyaux se démagnétisant de nouveau abandonnent l'armature au ressort $f$, qui la pousse de nouveau contre la vis de contact $c$. Le circuit se trouve fermé de nouveau, l'armature est réattirée; cette attraction amène une nouvelle interruption dans le courant, et ainsi de suite. De cette manière, le mouvement de l'armature et de la sonnerie continuent, jusqu'à ce qu'en lâchant le bouton d'appel ón arrête la communication de la batterie avec la ligne.

Si sous la borne $b$ on pose deux morceaux de métal, dont chacun puisse être séparément en communication avec $b$ par un bouton de pression en métal, et si l'on place, sur l'une des pièces de métal, le fil qui est réuni avec $b$ (fig. 18) et sur l'autre un conducteur allant vers $d$, la cloche, selon que $b$ sera en communication avec l'une ou l'autre pièce de métal, pourra être em-

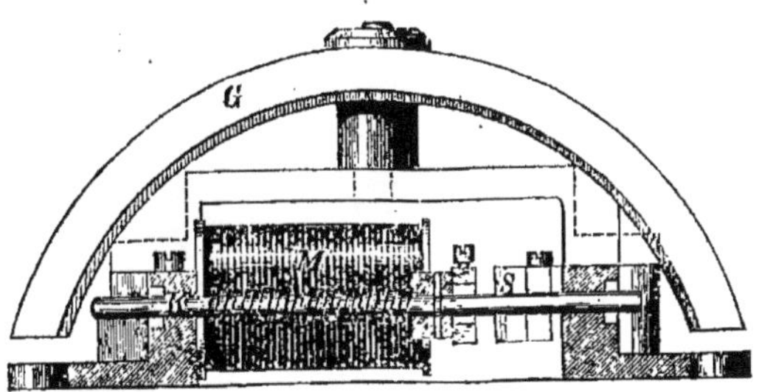


Fig. 19.

ployée soit comme sonnerie à simple coup, soit comme trembleuse.

Dans la sonnerie représentée par les figures 19-20, le mécanisme est très habilement protégé par le timbre G.

La bande métallique isolée S porte d'un côté le contact à ressort $c$, de l'autre la borne $a$ pour le fil conducteur; la bande Q également isolée reçoit à la borne $b$ le deuxième fil, ainsi que l'un des bouts d'enroulement des bobines. L'autre bout de ce fil est placé sur la pièce en métal P, qui est en communication avec la bande T. Celle-ci porte, au moyen du ressort $f$, l'armature A. Lorsque, à l'état de repos, cette dernière se trouve placée sur le contact $c$, un courant entrant par $b$ prend son chemin par les enroulements des bobines, traverse

P, T, A, et c, S, et retourne à la batterie. L'armature est
attirée etpousse le marteau K, qu'elle entoure en forme
de fourchette, contre le timbre. A ce moment le courant
est interrompu, et la barre K sous l'influence du ressort à spirale F est de nouveau éloignée du timbre. En
même temps l'armature revient en arrière contre le

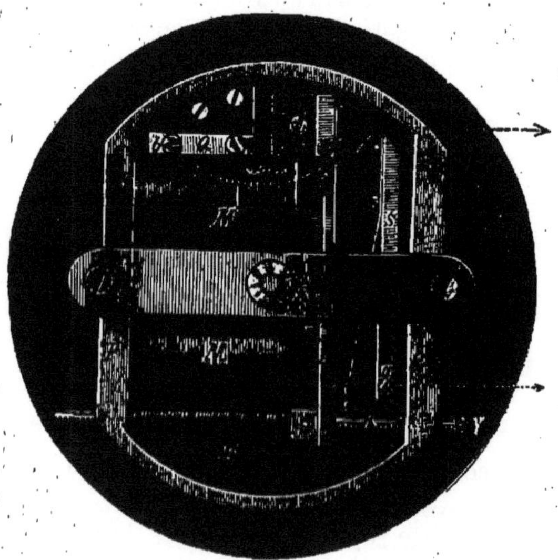

Fig. 20.

contact c, de sorte que le courant peut agir de nouveau.
   Pour les installations à faire dans les fabriques, où la
sonnerie doit être entendue malgré le bruit produit par
les machines il est bon d'employer des sonnettes doubles
dans le genre de celle de la figure 21.
   A l'état de repos, l'armature A est placée exactement
au milieu entre les pôles des électro-aimants $MM_1$; et
par suite les deux ressorts touchent les contacts isolés $i$
et $i_1$. Si les bobines ne sont pas enroulées également

de façon à ce que la plus grande partie d'un courant
entrant par $b$ et passant par la bande de métal $b$, $c$, $d$,
dans les deux bobines passe par exemple par le fil d'en-

Fig. 21.

roulement M, l'armature A se porte vers la gauche et
produit une interruption près d'$i_1$. Alors la totalité du
courant traverse les bobines de l'électro-aimant $M_1$, ce
qui attire vigoureusement l'armature vers la droite,
il se produit une interruption à $i$, et l'armature est

de nouveau attirée vers la gauche. Par suite de ce rapide va-et-vient de l'armature le marteau qui y est fixé frappe alternativement contre les deux timbres.

Avec cette double sonnerie, il n'y a d'interrompu que la partie du circuit formée par un fil d'enroulement, et jamais le courant principal. Pour obtenir ce résultat avec des sonneries à simple effet, ce qui est très com-

Fig. 22.

mode pour intercaler plusieurs appareils dans une ligne, il faut que la démagnétisation de l'électro-aimant se fasse par l'établissement d'une fermeture secondaire et non par l'interruption du courant.

Si, au lieu de courants constants d'une batterie, on emploie des courants alternatifs produits par des inducteurs magnétiques, les sonneries *dites polarisées* trouvent alors leur place. On trouve dans celle-ci, comme nous le montre la figure 22, une armature A, non en fer doux, comme dans les systèmes dont nous avons

déjà parlé , mais en acier magnétique, tournant autour
de l'axe X entre les plaques polaires *rr* de l'électro-
aimant MM. Si les enroulement du dernier sont traver-
sés par des courants alternatifs entrant par *a* et sortant
par *b* (la borne désignée par *b* n'est pas visible sur le
dessin), les plaques polaires en fer doux prennent alternativement la magnétisation nord et sud, de sorte que
l'armature A est forcée de prendre un mouvement de

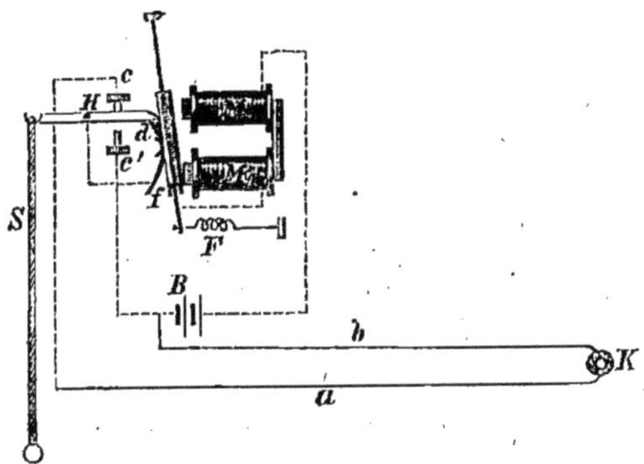

Fig. 23.

va-et-vient. Correspondant à ce mouvement de l'armature, le marteau K frappe alternativement et rapidement contre les timbres G et $G_1$.

L'écartement entre les plaques polaires se règle au
moyen de deux vis.

La figure 23 nous montre l'organisation d'un appel
à sonnerie continue.

Lorsque l'armature, écartée, à l'état de repos, par le
ressort F, des pôles électro-magnétiques, vient placer
sa partie *d* sous le nez du levier à deux bras H, celui-
ci touche le contact supérieur *c*. Si dans cet état le bouton d'appel K est abaissé, il part de la batterie B un

courant qui traverse les bobines M et $M_1$, la plaque métallique du fond et l'armature, qui se rend par le ressort de contact $f$ vers le levier H et vers le contact supérieur $c$, et qui retrouve par les fils conducteurs $a$ et $b$ réunis maintenant métalliquement dans le bouton d'appel, un chemin de retour vers la batterie. Sous l'influence de ce courant, les noyaux se magnétisent, l'armature se trouve attirée et la plaque $d$ quitte le levier H, qui se trouve alors poussé vers le bas, contre le contact, par un ressort (invisible sur le dessin). Dans cet état, même si K n'est plus abaissé, l'armature se trouve, par suite d'interruptions automatiques dans le courant, aussi longtemps alternativement attirée et repoussée des pôles jusqu'à ce qu'en tirant la ficelle S, on éloigne le levier H du contact inférieur. Si alors le ressort éloigne l'armature des pôles, celle-ci, comme l'extrémité du levier H se trouve alors en l'air, vient se placer au-dessous et rétablit de nouveau la communication du levier avec $c$.

Il n'est pas nécessaire de donner d'autres explications, pour montrer qu'une semblable disposition de sonnerie avec son bruit persistant, peut devenir très désagréable pour les oreilles des personnes que cela ne concerne pas ; les voyageurs dans un hôtel pendant la nuit, par exemple. Cet inconvénient est évité d'une manière simple et sûre par l'emploi d'appareils construits d'après la figure 24.

Le balancier P de cet appareil porte à son extrémité inférieure une armature pour l'électro-aimant $M_2$ et, en même temps, une flèche mobile Z, qui, dans son état de repos, vient se placer contre l'armature de l'électro-aimant M. Par suite le balancier se maintient dans une position inclinée. Si, par suite d'un appel, le courant entre dans les enroulements de cet électro-aimant, l'armature attirée délivre le balancier. Au même mo-

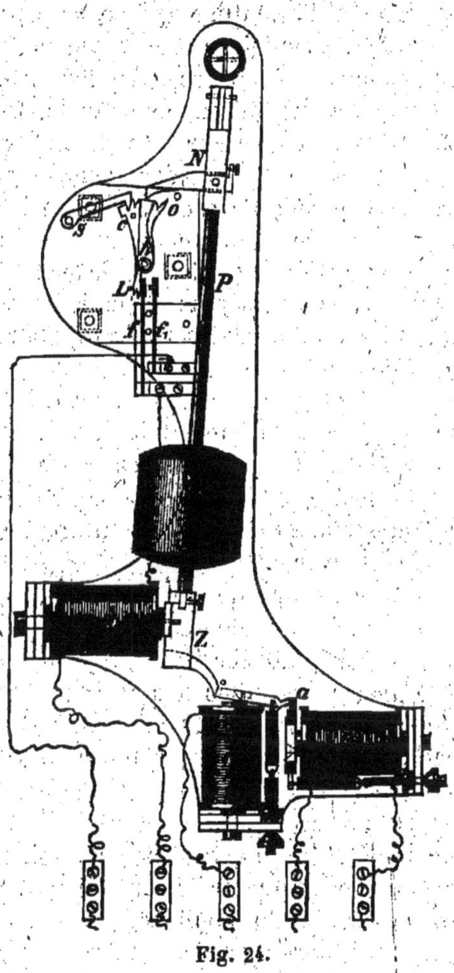

Fig. 24.

ment l'armature de l'électro-aimant $M_1$ est également abandonnée à l'action de son ressort de déclanchement et sa partie supérieure *a* se trouve poussée contre la plaque de la première armature placé sous son extrémité inférieure. De même que pendant que l'armature de l'électro-aimant M, dans son état de repos, tenait d'un côté le balancier P dans une position inclinée et de l'autre poussait l'armature de l'électro-aimant $M_1$ contre les surfaces des pôles, celui-ci fixe maintenant la position du premier avec les pôles de M, de sorte que le balancier peut se mouvoir sans obstacle.

Sur le côté gauche du balancier est posé le secteur mobile d'une roue dentée avec son crochet d'arrêt S. L'axe du secteur *e* porte en même temps le secteur circulaire K placé librement dessus et dont la pose est réglée par deux pointes visibles sur la surface de devant du secteur *c*.

Si dans le moment où le balancier commence son premier mouvement de gauche à droite, le crochet d'arrêt S se place dans le premier cran de la roue dentée, son premier mouvement de retour le transporte dans le deuxième cran, par le moyen du loquet mobile N, qui est en communication avec le balancier et dont la marche est limitée par la pointe O. Au deuxième retour du balancier, le secteur de la roue *c* est poussé encore plus loin vers la gauche, mais le crochet d'arrêt ne peut maintenant tomber dans aucun des crans, puisque le secteur circulaire K les recouvre; aussi, au moment où le loquet M sort de la pointe du cran extérieur de droite, le ressort *f*, par suite de sa pression sur la partie du bas du secteur de la roue d'arrêt le pousse de nouveau vers la pointe L et le remet ainsi dans sa situation primitive. Le crochet d'arrêt tombe de nouveau dans le premier cran et le même jeu recommence de nouveau.

Le courant sert à maintenir cette situation et par

suite à faire marcher la sonnerie électrique. Il est ouvert et fermé alternativement par les ressorts $f$ et $f'$ réunis avec les pôles de la batterie. L'électro-aimant $M_2$ et la sonnerie sont intercalés dans le circuit. Lorsque, par suite des mouvements du balancier, la partie inférieure du secteur $c$ vient à pousser le ressort $f$ avec sa feuille de platine, contre la pointe de contact du ressort $f'$, la batterie se ferme pour quelques instants; les

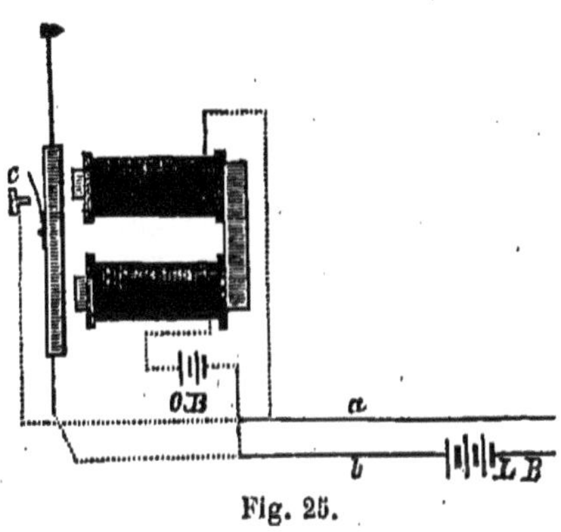


Fig. 25.

noyaux de l'électro-aimant $M_2$ attirent vers eux l'armature fixée au balancier et lui redonnent la force de balancement qu'il a perdue. En même temps, la sonnerie intercalée dans le circuit se met à marcher. Mais en ce moment le circuit s'ouvre de nouveau, par suite du saut en arrière du secteur $c$ dans sa situation primitive, et le jeu de ce mécanisme se répète, jusqu'à ce que le balancier soit arrêté.

Cet arrêt s'obtient en abaissant un bouton, qui ferme un deuxième courant, dans lequel l'électro-aimant $M_1$ se trouve intercalé. Lorsque l'armature de celui-ci est attirée par suite de l'aimantation des noyaux, le ressort

de déclanchement éloigne de ses surfaces polaires
l'armature libérée de nouveau de l'électro-aimant M.
Le balancier, dans son mouvement vers la droite, se
fixe, par l'arrêt, sur la surface de devant de l'armature,
et est ainsi forcé de conserver sa position perpendicu-
laire jusqu'à ce qu'un nouvel appel soit fait.

La figure 25 représente une disposition dans laquelle

Fig. 26.

à l'état de repos, le courant d'une batterie LB, renforcé
par le courant d'une petite batterie OB, tient les noyaux
de l'électro-aimant toujours en action et l'armature
constamment attirée. Lorsque le courant de la ligne
est interrompu par l'abaissement du bouton d'appel,
l'interrupteur entre de lui-même en fonctionnement,
sous la simple influence de la batterie locale.

La sonnerie représentée dans la figure 26 avec signal
de retour et courant constant de Bréguet remplit le
même but.

En voici la disposition : Dans l'intérieur, sur le bord supérieur de la boîte G se trouvent deux ressorts de contact recourbés, isolés l'un de l'autre, et ayant leurs extrémités libres croisées l'une sur l'autre. Une pression sur le bouton K établit la communication entre ces ressorts. Le courant entrant par $x$, passe sur $a$, atteint le ressort qui est fixé à cette pièce métallique, traverse le point de contact produit par la pression pour se rendre au deuxième ressort et arrive par le fil de la bobine de l'électro-aimant M à la borne $d$ et de là à la ligne $y$. L'aiguille aimantée N mobile, disposée au milieu de l'appareil se trouve déviée, par suite de l'aimantation du noyau de l'électro-aimant, et sa pointe supérieure se place dans la direction de la ligne pointée devant le mot *verstanden* (compris) visible par une découpure pratiquée dans le couvercle. En même temps, une communication s'établit entre une pointe métallique qui se trouve sur l'axe de l'aiguille et le ressort $c$, au point $a$. Par suite, même si le bouton K vient à être lâché, le courant traverse $a, c$, N, $m, n, o, b$, passe par la bobine de l'électro-aimant et se rend en traversant $d$ dans la ligne $y$, de sorte qu'une sonnerie intercalée au point de réception, marchera jusqu'au moment où on interrompra le circuit, par le moyen d'un interrupteur ou autrement; ce n'est qu'alors qu'à l'endroit du signal, l'aiguille N retournera à sa position de repos.

Lorsqu'une sonnerie avec interrupteur automatique se trouve intercalée au point de réception, il peut arriver que l'aiguille du transmetteur de signal, au moment de l'interruption automatique, retourne d'elle-même à son état de repos, avant que la personne appelée ait interrompu le courant. Pour éviter ceci, il faut, par un réglage soigné, chercher à réduire la durée de l'interruption à son minimum.

La disposition la meilleure est celle dans laquelle l'électro-aimant n'est point désaimanté par interruption du courant, mais par le rétablissement d'une fermeture secondaire.

Lorsqu'un endroit de réception est réuni par des conducteurs avec différentes places d'appel, on y place,

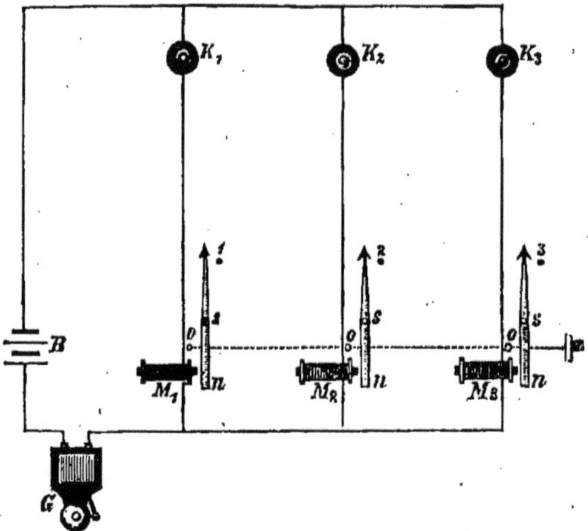

Fig. 27.

comme appareil complémentaire de la sonnerie, ce que l'on appelle un tableau indicateur qui indique à la personne appelée, par un signe visible produit par la voie électro-magnétique, l'endroit où on a sonné.

Parmi ces appareils, nous citerons le télégraphe à aiguille pour hôtels.

Comme nous le montre la figure 27, on fixe dans une caisse plusieurs petits électro-aimants M, dont les enroulements sont faits de façon à ce qu'un courant partant de la batterie B et les traversant, magnétise en sens contraire, le bout du noyau tourné vers l'aiguille aimantée qui se trouve en face du pôle de l'aiguille. Dans la disposition représentée par la gravure, les aiguilles sont magnétiques nord par le bas, tandis que leurs extrémités supérieures forment des pôles sud.

Si l'on abaisse par exemple le bouton d'appel désigné par $K_2$, le circuit se trouve fermé pour l'électro-aimant $M_2$; le pôle nord de l'aiguille aimantée qui en fait par-

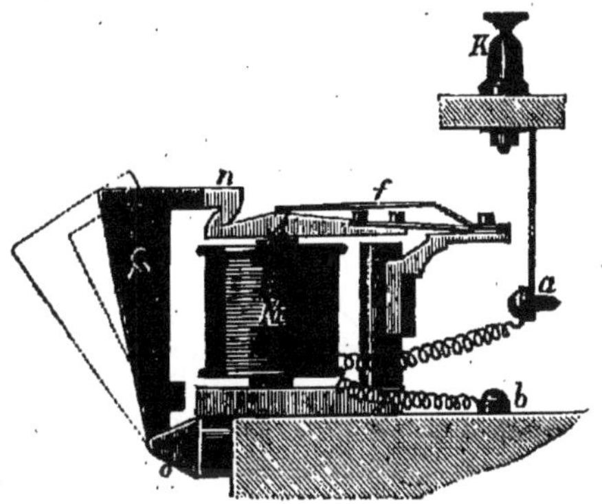

Fig. 28.

tie est attiré par le pôle sud de l'électro-aimant formé sous l'influence du courant, et l'indicateur posé sur le pôle de l'aiguille, fait en métal plus léger et non magnétique, vient se placer sur le n° 2 qui se trouve à droite. En même temps la sonnerie intercalée entre le tableau et la batterie entre en fonctionnement.

Lorsque le bouton d'appel est rendu libre, le courant disparaît du circuit, mais l'aiguille aimantée reste fixée au noyau de fer de l'électro-aimant, jusqu'à ce que la personne appelée par la sonnerie ait remise l'aiguille à son état de repos, au moyen d'une tige en fer Z, placée sur le côté de la caisse du tableau, dont les pointes *o*, par un mouvement vers la droite, saisissent l'aiguille et la remettent en place.

Ces systèmes à aiguilles sont actuellement très peu appliqués; on leur préfère presque partout les tableaux

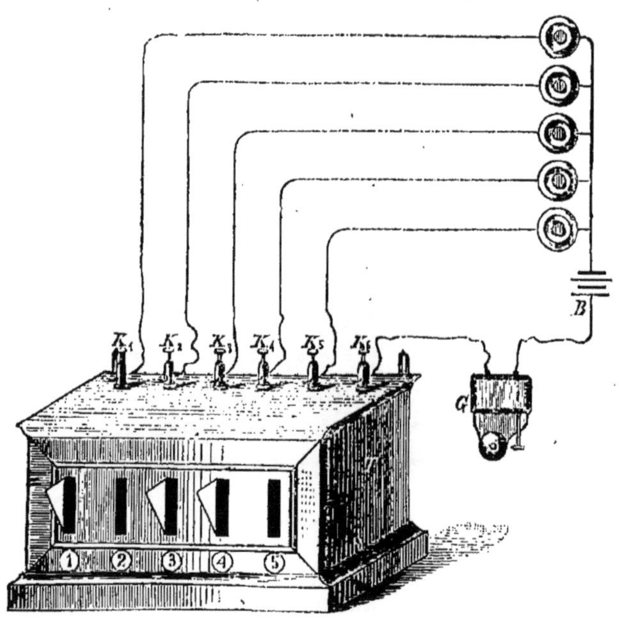

Fig. 29.

indicateurs avec disque tombant, dont la figure 28 nous montre un spécimen.

A l'état de repos, le disque en tôle S, mobile autour de *o*, repose par un nez *n* dans un cran d'arrêt de l'armature A légèrement à ressort. Lorsque celle-ci est attirée par son électro-aimant M, le disque S devient libre et tombe dans la position indiquée par les lignes pointées.

Dans le tableau indicateur représenté par la fig. 29, cinq lignes sont réunies ensemble. Le bout $a$ du fil d'enroulement de chacune des cinq bobines est réuni avec la borne de la ligne $K_1$ à $K_5$ par un fil de cuivre correspondant, tandis que du bout d'enroulement désigné par $b$ de chaque bobine les fils conducteurs aboutissent à la borne de la ligne de retour générale $K_6$.

Lorsqu'on presse sur un des boutons d'appel, la batterie B transmet le courant par la bobine de l'électro-aimant correspondant et par le fil d'enroulement de la sonnerie G intercalée entre la borne $K_6$ et la batterie. Le disque S devenu libre tombe par la fente correspondante de l'indicateur, en même temps que la sonnerie se met à marcher. La personne appelée repousse dans la caisse, avec le doigt, le disque qui vient de tomber, qui se trouve alors de nouveau saisi et arrêté par le cran pratiqué dans l'armature.

C'est surtout ce système que l'on emploie pour les tableaux de contrôle.

Un de ces tableaux destiné à montrer au maître d'un hôtel si les appels des voyageurs sont exactement observés, contient dans la règle autant de disques-numéros, qu'il y a de tableaux indicateurs ordinaires, à chaque étage.

La figure 30 représente la réunion d'un système de contrôle avec deux tableaux à étages et les autres appareils. Lorsque, par exemple, on presse sur le bouton au deuxième étage, la batterie B envoie le courant dans les enroulements des électro-aimants correspondants de T II, dans ceux de la sonnerie qui appartient à ce système, et enfin par le fil d'enroulement de l'électro-aimant qui se trouve à droite dans le tableau de contrôle R ; par suite le disque II devient visible dans ce dernier. Lorsque le garçon d'hôtel que l'on a appelé replace

le numéro du tableau à T II, il opère en même temps
une pression sur une disposition de contact C adaptée
au tableau de contrôle du patron. Il sort alors de la
batterie B,, un courant de direction opposée qui traverse
les enroulements de l'électro-aimant du disque du
tableau R, et qui aimante les noyaux de telle sorte, que
ce disque-numéro reprend sa position primitive.

On a également imaginé des dispositions qui, au lieu
de faire tomber des numéros indiquant la chambre où

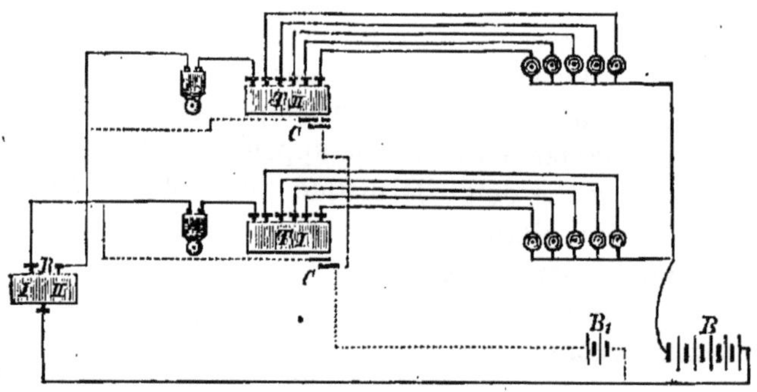

Fig. 30.

l'on a appelé, font paraître diverses indications, telles
que *eau*, *voiture*, etc.

Toutes ces dispositions ne sont que des répétitions
de celles que nous avons décrites, et il n'est pas besoin
d'autre explication pour faire comprendre que des
pressions exercées sur un certain nombre de boutons
placés dans une chambre, peuvent, en place de numéros, faire paraître, sous l'action de chaque appel, un
disque représentant un mot ou un signe quelconque.
Tous ces systèmes, ainsi que les télégraphes domestiques proprement dits, sont aujourd'hui peu usités
dans la pratique, surtout depuis que le téléphone passe

de plus en plus dans nos habitudes journalières. Nous ne donnerons point ici des exemples dé.l'application du système téléphonique à nos besoins intérieurs. Le sujet a été traité complètement dans un ouvrage spécial paru récemment à la même librairie[1] et nous passerons immédiatement à une autre partie également intéressante des sonneries électriques : les signaux automatiques.

[1]. Schwartze, le *Téléphone*, le *Microphone* et le *Radiophone*. Edition française par S. Fournier. 1 vol. in-16, figures. Paris, Bernard-Tignol, éditeur.

# CHAPITRE II



## Les appareils avertisseurs automatiques.

Nous avons appris à connaître, dans le chapitre précédent, les moyens de transmettre volontairement des appels d'un endroit à un autre; il nous reste encore à parler des appareils qui, sous l'influence de certaines circonstances mécaniques ou physiques, produisent automatiquement le même résultat. Ces appareils sont établis pour la commodité ou la sécurité. On les place sur les portes ou les fenêtres, afin d'être prévenu de leur ouverture, on en met sous les planchers ou sous les marches des escaliers, afin que les personnes qui avancent ne puissent pénétrer, sans être annoncées; les serrures reçoivent des dispositions, au moyen desquelles on peut les ouvrir à des distances éloignées par l'envoi d'un courant électrique; les thermomètres sont munis de contacts, afin que l'accroissement de la température, dans de certaines limites, s'annonce de lui-même, etc.

Il n'y a rien qui convienne mieux à ces emplois domestiques que l'électricité; et le fait que, par l'emploi de dispositions de sonneries électriques, on n'a plus besoin d'appareils spéciaux et coûteux, mais que toute personne ayant les moindres connaissances d'électricité et de sa marche dans les conducteurs peut appliquer elle-même ces dispositions à l'aide de quelques fils, doit contribuer à rendre bientôt l'électricité indispensable à nos usages domestiques.

Nous donnerons quelques exemples des petits services qu'elle peut rendre : Un de nos amis avait devant sa maison, qui possède déjà un système de sonneries électriques, un jardin fort soigné dans lequel on volait des roses presque chaque nuit. Afin que le voleur fût annoncé malgré lui, on suspendit au pilier de la porte du jardin un petit vase avec une dissolution de sel conduisant bien le courant électrique. On plongea dans ce vase les bouts de deux fils que l'on mit en communication avec un des pôles de la batterie qui servait pour les sonneries de la maison, et on plaça ces fils de façon à ce que d'un côté leur présence ne pouvait attirer aucune attention, tandis que, de l'autre, il fallait, pour ouvrir la porte du jardin, que l'un des bouts du fil sorte du liquide dont nous venons de parler. Enfin une communication automatique électrique fut établie avec le courant de la batterie et la sonnerie de la maison. Aussi longtemps que les deux bouts trempaient dans le vase, le liquide qu'il contenait établissait une fermeture en court circuit de la batterie, mais quand la porte du jardin s'ouvrait et qu'un des bouts sortait du liquide, le courant prenait son chemin à travers les enroulements des électro-aimants de la sonnerie et mettait en activité un timbre placé dans la chambre à coucher, mais dont le bruit ne pouvait être entendu en dehors de la maison.

Cette simple disposition remplit parfaitement le but que l'on s'était proposé, car déjà, la première nuit de son existence, le propriétaire du jardin, réveillé par le bruit de la sonnerie, eut l'avantage d'attraper son voleur en flagrant délit. Un maître charpentier, dans le chantier

duquel on volait souvent des planches pendant la nuit,
opéra d'une façon analogue. Il fit partir de la batterie
de la sonnerie de sa maison deux conducteurs isolés
venant jusqu'à la place où étaient empilées les planches,
et plaça autour des planches même, un long fil de
cuivre très mince, entouré de soie, dont les bouts furent
mis en communication avec ceux des fils conducteurs de

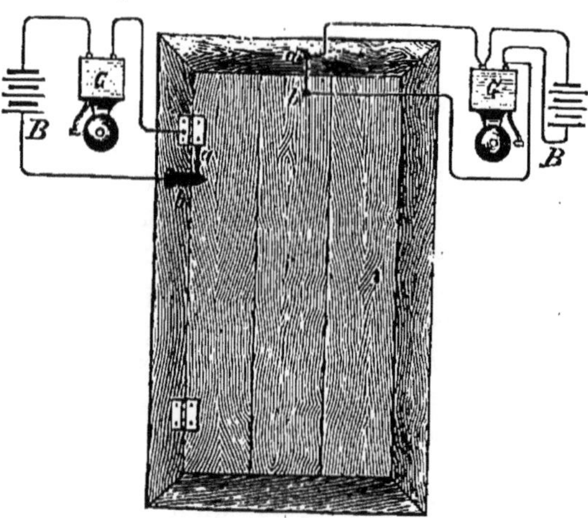

Fig. 31.

la batterie. Pour déranger rien qu'une planche, il fallait
briser le fil de cuivre, la batterie se fermait en court
circuit et le courant se dirigeait sur la sonnerie établie
à l'intérieur de la maison. Il obtint le même résultat
que le propriétaire des roses, et pinça son voleur la
première fois qu'il vint exercer son petit commerce.

Il faut, pour ces dispositions, employer des éléments
peu sujets à se polariser par une longue fermeture.
Les éléments au sulfate de cuivre conviennent parfaitement.

La figure 31 représente une porte munie de deux dispositions de sûreté du genre de celles que nous venons de citer.

Dans la disposition de droite, dans la fente de la porte, aussi bien que dans la porte même près des points *a* et *b*, on place un clou court, et entre les deux clous on tend un fil assez fin, pour qu'il se rompe, sans produire une résistance sensible, dès que l'on cherche à ouvrir la porte. Si l'on met les bouts de ce fil fin en communication avec des fils plus longs et plus forts, formant le circuit de la sonnerie électrique G, aux bornes de laquelle sont placés les fils qui conduisent aux pôles de la batterie B, la batterie restera fermée en court circuit, aussi longtemps que le fil entre *a* et *b* ne sera point interrompu, c'est-à-dire le courant général passera par le morceau de fil intercalé, dont la résistance est très faible par rapport à celle de la sonnerie.

Lorsque la porte vient à s'ouvrir, et que, par suite, le fil fin se trouve rompu, il ne reste alors ouvert au courant de la batterie que le chemin qui passe par les enroulements de l'électro-aimant de la sonnerie, et elle entre aussitôt en fonctionnement. Dans la disposition dessinée du côté gauche de la porte, on place dans la garniture du gond supérieur de la porte un fil de cuivre nu, *a*, qui fait partie de la ligne. On fixe au-dessous une plaque de métal *b*, recourbée en arrière de façon à ce qu'elle ne touche point le fil de cuivre *a*, lorsque la porte est fermée. Mais dès que l'on vient à l'ouvrir, *a* et *b* entrent en contact et offrent ainsi au courant de la batterie B un chemin vers la sonnerie G qui, en supposant qu'elle soit munie d'un interrupteur automatique, se met à sonner, jusqu'à ce que la porte soit fermée de nouveau.

Ces dispositions si simples, que nous venons de

décrire, ne s'appliquent généralement qu'occasionnellement et pour de certains cas particuliers; lorsqu'il y a
lieu de procéder à des installations qui doivent demeu-
rer longtemps, on trouve chez les constructeurs d'appareils à sonnerie toutes les dispositions dont on peut
avoir besoin. Nous ne pouvons donner ici que celles
qui sont des plus généralement employées; à celles-ci

Fig. 32.

appartient le contact de porte représenté dans la figure
32, que l'on fixe complètement dans le montant de la
porte, de sorte que la plaque de métal AA fait partie de
la surface de ce montant. A la partie intérieure de cette
plaque de métal, on place une pièce de contact isolée
*c*, contre laquelle pousse, aussitôt et aussi longtemps
que la porte est ouverte, le ressort *f* vissé également
par son bout supérieur à la plaque AA, et qui est en
communication électrique avec elle. Si l'on ferme la
porte, celle-ci presse par la partie *k* sur le ressort *f* et

éloigne celui-ci de la pièce de contact *e*. Si AA est en communication avec l'un des fils d'une batterie, si la pièce de contact isolée, *c*, l'est avec l'autre fil, et s'il existe dans le circuit une sonnerie électrique avec interrupteur automatique, celle-ci sonnera aussi longtemps que la porte restera ouverte.

S'il n'existe pas de motifs particuliers pour que la sonnerie marche aussi longtemps et si au contraire, on ne demande qu'un coup de sonnette passager pour

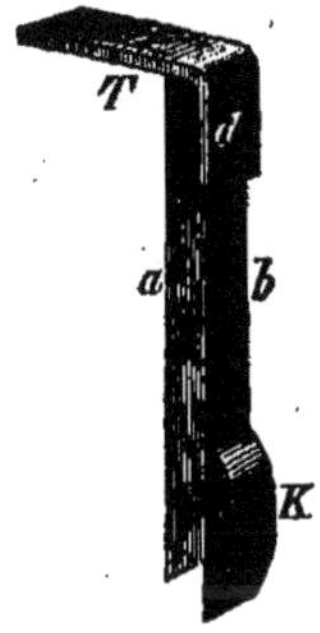

Fig. 33.

annoncer l'ouverture et la fermeture d'une porte, ou l'entrée d'une personne, l'application de ce que l'on appelle un contact à butoir, est beaucoup plus simple; la figure 33 en donne le dessin. Deux ressorts de contact *a* et *b*, platinés à leur point de contact, se trouvent adaptés sur une équerre métallique *c*, *d*. Le ressort *b* porte à son extrémité inférieure un morceau de corne arrondi *k*. La disposition entière est vissée par la surface *c*, visible dans le dessin, sur le cadre supérieur de la porte, de façon à ce que la partie du ressort *b* munie du morceau de corne K, soit tournée vers le bas et que la porte, en s'ouvrant ou en se fermant,

glisse par sa partie supérieure sur le morceau de corne
K et produise par suite entre *a* et *b* une communication
passagère. Si les deux ressorts de contact sont unis
avec les fils conducteurs d'une batterie, dans le circuit
de laquelle se trouve également une sonnerie, celle-ci
résonnera chaque fois que la porte, s'ouvrant ou se
fermant, mettra en mouvement le morceau de corne K.

La figure 34 nous montre un autre contact à frottement. Ici aussi la disposition entière est vissée sur le
cadre supérieur de la porte, de telle sorte que celle-ci

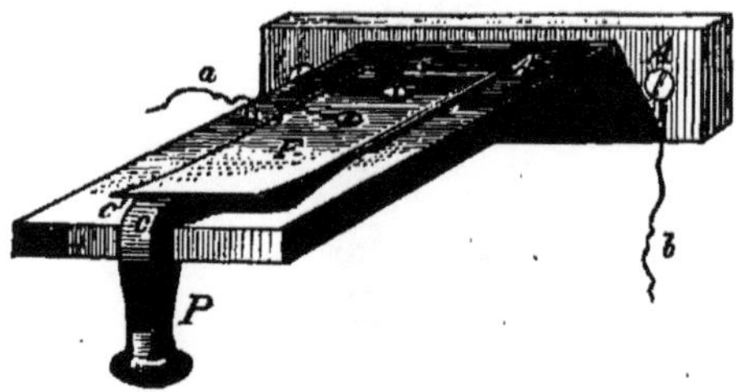

Fig. 34.

aussi bien en s'ouvrant qu'en se fermant, glisse sur le
balancier P et le met en mouvement. Dans le premier
cas, le coupant extérieur *c* du balancier se place sur
la plaque mobile F, fixée sur la plaque métallique à
ressort A isolée, ce qui amène la communication entre
les fils conducteurs *a* et *b*. La même chose arrive
lorsque le balancier, en fermant la porte, est ramené
vers l'intérieur, et que le coupant intérieur *c* touche la
plaque.

A la place d'une sonnerie, on peut naturellement
adapter tout autre appareil qui donne sous l'influence
de l'électricité un signal pour l'oreille ou la vue.

Ainsi il serait par exemple très agréable, le soir, en
entrant dans sa chambre, de produire de la lumière,

sans que l'on ait besoin d'un autre serviteur que l'électricité.

On peut obtenir facilement ce résultat, soit en employant une disposition dans le genre de celles dont nous venons de parler, pour chauffer un fil de platine qui allume une lampe à essence, soit même en employant une batterie capable d'actionner une petite lampe à incandescence.

En dehors des contacts de portes que nous venons de décrire, et que l'on peut naturellement appliquer non seulement à des portes de chambres et de maisons, mais également à des portes d'armoires, de coffres-forts, à des fenêtres, etc., on emploie aussi souvent comme transmetteur automatique de courants des contacts de marche ordinairement appelés pédales. On peut les établir soi-même très simplement de la manière suivante :

Près de la porte d'entrée, sous une lame du plancher sur laquelle chaque personne en entrant soit forcée de marcher, on dispose un ressort d'acier, suffisamment fort pour maintenir la planche en un léger plan horizontal, mais pouvant céder sous le poids de chaque personne qui passe, et mettant cette planche en contact avec une autre planche fixe qui se trouve au-dessous. Si la face supérieure de celle-ci et la face intérieure de la planche sont munies de pièces métalliques, sur chacune desquelles se trouve un des fils conducteurs d'une batterie, il se produira, lorsque chaque personne qui entre abaissera la planche, une fermeture de la batterie, et la sonnerie électrique intercalée dans le circuit se mettra en mouvement.

Ces organisations ne sont cependant que provisoires et si l'on ne veut point seulement satisfaire à un besoin passager, il faut établir une disposition d'un contact de

marche durable et bien construit. La figure 35 nous
montre une disposition de ce genre. Dans une boîte en
laiton AA, fermée par le bas par la plaque de bois *h h*,
se trouve suspendu, dans un ressort à spirale, le cylindre
JJ. Celui-ci est fait de *m* jusqu'à *n* et d'*o* jusqu'à *p* en

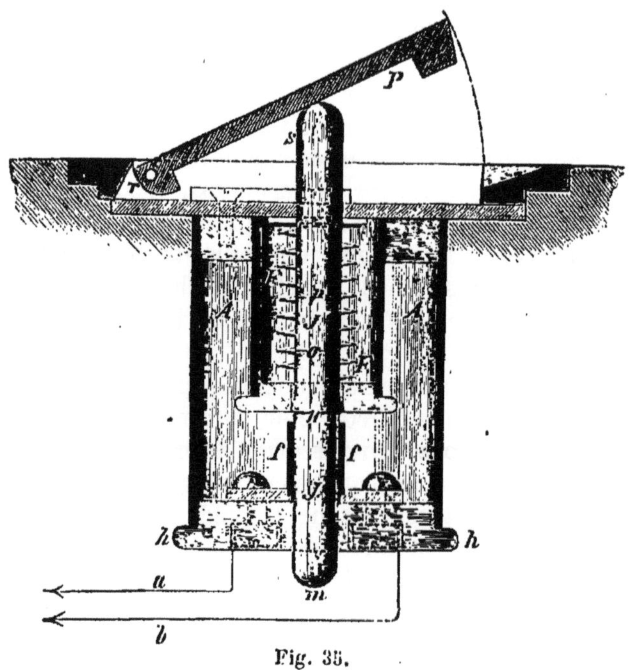

Fig. 35.

ébonite, et de *n* jusqu'à *o* et de *p* jusqu'à *s* en laiton.
Par suite de l'abaissement de la plaque de laiton mobile
P, le cylindre JJ est pressé vers le bas et sa partie métallique *no* vient se placer entre les ressorts *f* fixés sur
la plaque du fond en bois *hh*; il se produit alors une
fermeture de courant et le mouvement de la sonnerie
est mis en activité.

Lorsqu'on lâche la plaque P, le ressort à spirale F soulève le cylindre vers le haut, la pièce isolante *mn* vient entre les ressorts *f* et par suite le courant se trouve interrompu.

Tous les points de contacts sont couverts de bandes de platine, pour empêcher une oxydation trop rapide.

La disposition entière est fixée sous une planche arrangée de façon à ce que sous le poids de la personne qui passe dessus, la plaque de laiton P et le cylindre JJ soient poussés vers le bas.

Nous pourrions décrire bien d'autres dispositions, mais elles se ressemblent toutes et ne diffèrent que par des points de détail. Amener à un moment donné deux parties métalliques portant chacune un des fils d'une batterie, tel est le problème ; il est facile à résoudre et peut l'être de bien des manières différentes.

Nous abordons donc la description des appareils qui sont généralement employés pour prévenir ou annoncer les incendies.

L'application de l'électricité au service des incendies n'est pas de date nouvelle. Déjà en 1852, Berlin commença la construction d'un réseau télégraphique pour le service des incendies, organisé systématiquement et entourant toute la ville. La disposition consiste à prévenir rapidement les pompiers de l'endroit où le feu vient de se déclarer. A cet effet, un grand nombre de postes avertisseurs d'incendies sont en communication électrique avec la station centrale. Le mécanisme de chaque poste consiste dans un appareil à pression ou à tirage qui peut être mis en activité par le premier passant qui s'aperçoit de l'incendie.

Aujourd'hui on est allé encore plus loin dans l'emploi de l'électricité pour prévenir les incendies, et on construit des appareils qui avertissent automatiquement de la naissance d'un incendie sans le secours de personne, et dans lesquels le feu, c'est-à-dire la chaleur produite, détruit ou change les matières exposées à son influence et ferme le courant sur des appareils d'alarme intercalés dans le circuit.

Parmi les diverses dispositions, on peut citer la suivante, qui possède en tous les cas le mérite de la simplicité.

On suspend aux endroits qui présentent des dangers d'incendie, dans les théâtres, magasins, fabriques, etc., des plaques métalliques fixées à des fils susceptibles de brûler très rapidement. Lorsque ces fils viennent à brûler, les plaques qui y sont suspendues, retombent sur d'autres plaques de métal placées convenablement au-dessous, et si ces deux plaques sont en communication avec les fils conducteurs d'une batterie, il se produira automatiquement une fermeture de circuit qui pourra actionner toute espèce de sonnerie ou de signal.

Ce qui a surtout empêché ce système de se développer, c'est que les fils conducteurs se trouvent eux-mêmes très exposés à être détruits. On peut cependant obvier facilement à cet inconvénient, car il est facile d'établir des fils qui résistent suffisamment à l'action du feu pour que l'on soit prévenu de l'incendie; car si le circuit contient une sonnerie à mouvement continu, il suffit que le courant passe une seconde, pour que l'appareil se mette à fonctionner et la sonnerie à marcher sans discontinuer.

Le système suivant a été proposé pour les théâtres. Des fils de chanvre ou de coton sont étendus sur toute la partie au-dessus de la scène; ils sont fixés par un bout et tiennent par l'autre des poids suspendus dans une petite caisse. A une petite distance et, perpendiculairement au-dessous de ces poids, se trouve, sur le fond

de la caisse, le bouton d'un appareil à pression dont
l'abaissement ferme le circuit d'une batterie électrique.
S'il vient à se produire une flamme, les fils sont détruits,
les poids tombent et mettent en activité plusieurs ap-

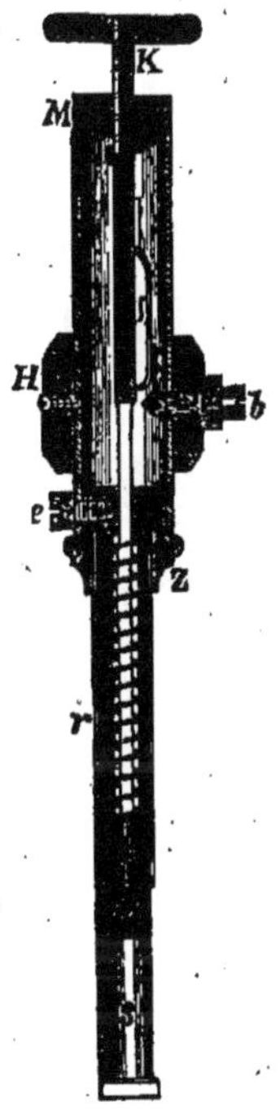

Fig. 36.

pareils électriques, de sorte qu'en même temps le feu
est annoncé au poste voisin des pompiers, le rideau de
sûreté s'abaisse, une grande fenêtre à tabatière s'ouvre
au plafond pour livrer passage aux flammes et à la
fumée, enfin la scène se trouve inondée par de l'eau
contenue dans un réservoir placé au-dessus, tout cela

spontanément automatiquement, par l'électricité.

On pourrait remplacer les fils de chanvre par des fils assemblés par deux, dont l'isolement cesserait par

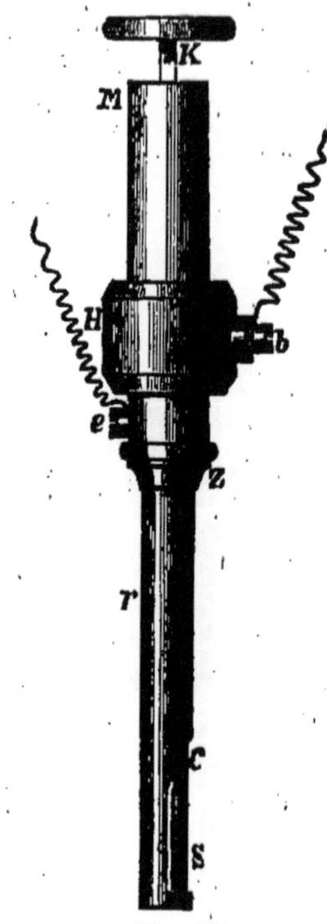

Fig. 37.

suite de la chaleur, et par bien d'autres dispositions analogues.

Il existe également d'autres avertisseurs d'incendie automatiques dont le fonctionnement repose sur la fusion de certains alliages à des températures déterminées.

La figure 36 nous montre la coupe et la figure 37 la

vue extérieure d'un appareil de ce genre auquel on a donné le nom de *Thermoscope*.

Une enveloppe de laiton M entoure une bague de caoutchouc durci H. Celle-ci est munie d'une vis de contact $b$ qui rentre à l'intérieur de l'enveloppe de métal, sans néanmoins la toucher. Dans le tuyau de laiton $r$ qui est en communication par la pièce du milieu Z avec l'enveloppe M au moyen d'une barre conductrice et du bouton K, se trouve la masse de métal C qui peut monter et descendre. Elle est poussée vers le bas par un ressort spiral qui se trouve dans le tuyau $r$. En soulevant le bouton K dans la partie du bas du tuyau $r$ qui, comme nous le montre la figure 36, est fendu à cet effet jusqu'à la moitié, on place sous la masse métallique C, un cylindre S, qui est fait avec une matière dont le point de fusion correspond à la température à laquelle l'appareil doit fonctionner. Lorsque le cylindre S vient à fondre par suite de l'élévation de la température occasionnée par la naissance d'un incendie dans l'endroit où est établi le thermoscope, la masse $c$ descend par suite de la pression exercée par le ressort spiral et avec elle la barre conductrice, jusqu'à ce que le ressort $f$ touche la pointe de contact $b$. Comme la vis fixée sur celle-ci porte l'un des fils conducteurs et que l'autre se trouve sur la vis $e$, qui est en communication avec la masse métallique de l'appareil, le contact entre $b$ et $f$ amène une fermeture de la batterie qui met en activité la sonnerie intercalée dans le circuit.

Un avantage de cet appareil qui n'est point à dédaigner, c'est que, se trouvant enfermé, il est à l'abri des détoriations occasionnées par la poussière et autres saletés.

En employant des matières différentes pour construire les cylindres de fusion, on peut les fabriquer pour chaque degré de température voulu.

Voici, d'après Pouillet, le point de fusion de différents corps :

| | |
|---|---|
| Or pur | 1 200° C. |
| Cuivre | 1 090 |
| Argent | 1 000 |
| Cadmium | 500 |
| Antimoine | 425 |
| Zinc | 423 |
| Plomb | 334 |
| Bismuth | 270 |
| Étain | 235 |
| Soufre | 115 |
| Iode | 114 |
| Sélénium | 217 |
| Sodium | 95,6 |
| Potassium | 62,5 |
| Phosphore | 44 |
| Stéarine | 70 |
| Cire blanche | 68 |
| Cire jaune | 61 |
| Suif | 40 |
| Blanc de baleine | 47,7 |
| Paraffine | 46,3 |

| | |
|---|---|
| 1 partie de plomb, 1 partie d'étain | 189° C. |
| 1 — 1,5 — | 169 |
| 1 — 2 — | 171 |
| 1 — 3 — | 180 |
| 1 — 4 — | 186 |
| 1 — 5 — | 192 |
| 1 — 6 — | 194 |
| 1 partie d'étain, 1,5 partie de plomb | 211 |
| 1 — 2 — | 227 |
| 1 — 3 — | 250 |
| 1 — 4 — | 259 |

| | | |
|---|---|---|
| 1 partie d'étain, 5 parties de plomb. . . . | | 267 |
| 1 — 6 — . . . | | 270 |
| 8 p. de bismuth, 8 p. de plomb, 3 p. d'étain . | | 94,5 |
| 8 — 8 — 8 — . | | 123,3 |
| 8 — 16 — 12 — . | | 140 |
| 8 — 30 — 24 — . | | 119 |
| 30 parties stéarine et 70 parties huile de palme. | | 55 |

La figure 38 nous montre la manière de réunir les thermoscopes avec les sonnettes d'alarme et la batterie

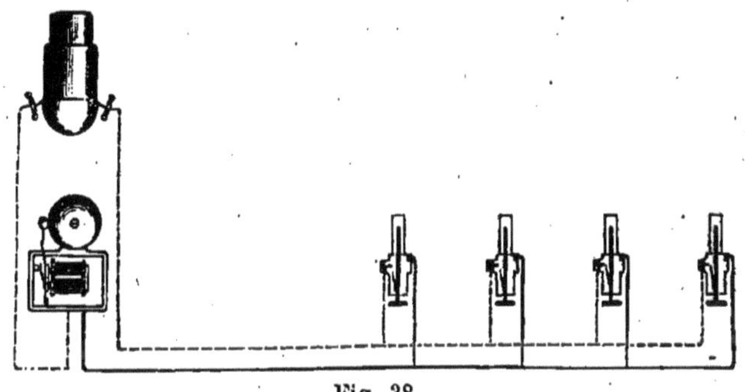

Fig. 38.

pour des courants intermittents. Lorsque les thermoscopes doivent être employés pour des lignes à courant continu, il faut que le contact soit placé vers le haut, de sorte que ce soit le cylindre qui tienne le circuit fermé et qui l'interrompe en fondant.

Comme l'emploi de ces courants donne un contrôle constant de la conductibilité de la ligne elle-même, on les choisira de préférence pour ces sortes de dispositions qui n'ont de valeur que si les appareils fonctionnent avec certitude dans toutes les circonstances.

Si différents endroits doivent être munis de thermoscopes, il est bon d'intercaler à côté de la sonnerie un tableau indicateur indiquant l'endroit précis où le feu vient d'éclater.

Ces thermoscopes ont, du reste, donné des résultats pratiques absolument satisfaisants.

G. Dupré a fait breveter l'application de matières fusibles aux boutons des sonneries électriques ordinaires. Le corps qui doit fondre est placé sous la tête d'une vis, qui retient le ressort de contact du bas écarté de celui du haut, de sorte que le dernier n'entre en contact avec le premier que par une pression sur la tête du bouton d'appel ; mais, par suite de la fusion du corps qui a été placé dessous, ce ressort du bas se soulève, il vient se placer en contact avec le premier, le circuit se ferme et met en activité la sonnerie qui se trouve intercalée.

Pour établir un avertisseur d'incendie automatique qui annonce aussi sûrement les incendies qui se propagent rapidement que ceux qui sont plus lents à se développer, Brasseur emploie deux tuyaux de zinc qui, pour s'échauffer plus facilement, sont couverts extérieurement avec du noir de fumée. Ces deux tuyaux parallèles sont fixés sur une plaque de fonte et séparés à leur extrémité supérieure par une barre de cuivre que l'on tient d'habitude à une certaine distance d'une vis de contact ; la vis est en communication avec l'un des pôles d'une batterie, la barre avec l'autre, et dans le circuit on intercale une sonnerie électrique. L'un des tuyaux est vide, l'autre rempli de suif et fermé par un bouchon de cire à cacheter.

S'il se produit subitement une élévation de température, le tuyau vide ouvert des deux côtés recevra la chaleur du dedans vers le dehors, il s'échauffera et s'allongera plus rapidement que celui rempli de suif ; il se courbera et mettra par suite la barre de cuivre en contact avec la vis, de sorte que la sonnerie intercalée dans le circuit, maintenant fermé, se mettra à résonner. Si, au contraire, l'incendie se propage lentement, la chaleur allongera d'abord les deux tuyaux également, jusqu'à ce que la température atteigne le point de fusion du suif; mais la fusion du suif empêchera le tuyau qui en est rempli de s'allonger davantage, tandis que l'autre tuyau vide se courbera par suite d'un plus grand allongement, et mettra également en contact la barre avec la vis.

Les thermomètres à mercure avec dispositions électriques d'alarme, employés depuis longtemps pour différents usages techniques, peuvent également servir d'avertisseurs d'incendie automatiques. D'habitude, on scelle un petit fil de platine dans la boule qui se trouve au pied de l'instrument, et un second dans le tuyau en verre, qui conduit jusqu'au point par lequel, par suite l'une élévation de température, le mercure doit établir la communication entre le fil de platine du haut et celui du bas, et fermer le circuit d'alarme.

Dans les thermomètres avertisseurs qui ne sont point construits spécialement pour servir d'avertisseurs d'incendie, on place sur plusieurs parties de l'échelle de graduation des fils de platine dans le verre, de sorte que différentes températures peuvent être annoncées par ces instruments. D'ordinaire, on place un contact pour la température minimum et un pour la température maximum.

Le premier reste fermé aussi longtemps que la colonne de mercure n'est pas descendue au-dessous du fil de platine indiquant la température minimum, par contre le circuit se ferme également dès que la colonne de mercure atteint le fil placé en face du maximun. Il faut donc, pour avertir de la plus basse température, intercaler une sonnerie disposée pour fonctionner avec un courant continu, et pour l'annonce de la température la plus élevée, employer une disposition de courant intermittent.

La pose de plusieurs fils de contact dans les thermomètres à mercure présente de grandes difficultés et doit être exécutée avec un soin tout particulier pour que ces instruments ne perdent pas de leur qualité. Un moyen de parer à ces difficultés consiste dans l'emploi d'une colonne de mercure variable avec deux échelles, dont l'une est fixe et l'autre mobile. On soude l'un des fils de platine dans le tube en verre du thermomètre à la partie supérieure, tandis que l'autre est placé à l'extrémité inférieure et demeure par suite toujours en contact avec le mercure. Le vase à mercure qui termine le tube est muni de parois élastiques, de sorte que son volume peut, par l'action d'une vis d'arrêt, qui presse dessus, être changé à volonté. De cette manière on peut augmenter ou diminuer à volonté la hauteur du filet de mercure dans le tube, indépendamment de la température.

Si le thermomètre doit donner l'alarme à une certaine température, on déplace l'échelle mobile de façon à ce que la division qui correspond à cette température se trouve égale à la division maximum de l'échelle fixe, puis, en serrant le vase de mercure ou en l'élargissant au moyen de la vis d'arrêt, on change le niveau du filet de mercure, de sorte que celui-ci indique maintenant snr l'échelle mobile le degré qu'il indiquait avant (à l'état normal) sur l'échelle fermée. Le contact est donc établi en réalité par la température voulue et le signal est mis en activité.

Voici une autre manière moins simple, mais peut-être encore plus exacte : On évite de souder le fil de platine en faisant nager sur une colonne de mercure un petit barreau magnétique, lequel, élevé à une hauteur voulue, agit sur une aiguille aimantée placée sur le côté, à la division voulue, et qui établit un contact. L'aiguille aimantée qui est déviée de sa position naturelle par un petit ressort réglable au moyen d'une vis, se trouve dans une petite boîte sur laquelle est placé en même temps un indicateur. Cette boîte se monte et se descend sur une tringle placée à côté de l'échelle, une vis d'arrêt sert à la fixer. Des deux côtés du tube de verre on fixe sur la planche du thermomètre des bandes métalliques dont les extrémités inférieures sont en communication par des bornes avec les fils conducteurs des vis. L'une de ces bandes métalliques est en frottement constant avec l'indicateur de la boîte de l'aiguille aimantée; contre la deuxième bande vient se placer un ressort de platine isolé et fixé aussi sur la boîte de l'aiguille. Si la boîte est posée de façon à ce que l'indicateur se trouve sur la division indiquant la température à laquelle le signal d'alarme doit être donné, et si le mercure monte jusqu'à ce degré, le bout supérieur de la petite barre aimantée qui nage sur la colonne de mercure, et qui possède une polarité opposée à celle du bout de l'aiguille aimentée qui est tournée de son côté, s'en approche et l'attire. Par suite, l'aiguille magnétique rencontre le ressort en platine dont il vient d'être parlé, et le circuit se ferme par une des bandes de métal, l'indicateur, l'aiguille aimantée, le ressort de platine, et par l'autre bande de métal, ce qui fait que la cloche d'alarme intercalée dans la ligne résonne.

Comme appareils, qui servent moins à fournir des mesures exactes qu'à indiquer une augmentation ou une diminution de température, on a construit différentes sortes de thermomètres métalliques. Ceux-ci reposent

sur le fait que deux bandes de métal droites, soudées
ensemble dans le sens de leur longueur, et possédant des
coefficients différents de dilatation, se courbent d'un côté
ou de l'autre lorsqu'elles viennent à s'échauffer. Si l'on
donne à une de ces sortes de double bande la forme
d'une spirale, celle-ci s'enroule et se déroule par suite
des changements de température. Si la bande est com-

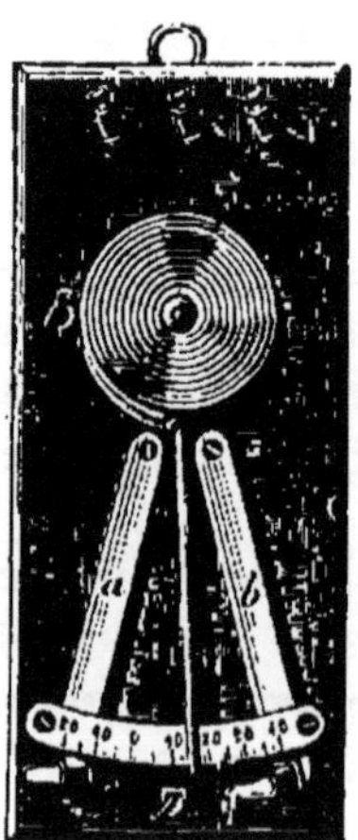

Fig. 39.

posée d'acier et de cuivre par exemple, et si ce dernier
se trouve à l'intérieur, une élévation de température est
indiquée par un déroulement de la spirale, parce que le
cuivre se dilate plus que l'acier; si au contraire la température vient à baisser, la spirale s'enroule davantage,
car le cuivre se contracte également plus que l'acier.

On munit également ces thermomètres de différentes
dispositions de contact qui servent à avertir automatiquement de certaines températures; on s'en sert
même comme avertisseurs d'incendie.

Un appareil de ce genre est représenté par la figure 39. Le thermomètre lui-même est une bande de compensation roulée en forme de spirale, composée de deux bandes de métal soudées ensemble, dont l'un des bouts est fixé sur la planche du fond tandis que l'autre bout mobile porte une longue aiguille Z. Celle-ci se meut devant une échelle divisée en degrés de température. Au-dessous de celle-ci les plaques de métal $a$ et $b$ mobiles sont fixées par leurs bouts supérieurs sur la planche du fond qui se laisse mouvoir à gauche ou à droite, de sorte que l'on peut donner des limites voulues au mouvement de l'aiguille, au moyen des allonges qui se trouvent à l'extrémité inférieure de ces plaques de métal.

Des trois bornes placées sur la partie supérieure de la planche du fond, celle du milieu est en communication avec la spirale, et celles de gauche et de droite chacune avec une des plaques de métal; par conséquent aussi bien à la naissance d'une élévation qu'à celle d'une baisse dans la température, une fermeture de courant peut être établie à un degré de chaleur déterminé, et un signal d'alarme peut être donné par les moyens que nous connaissons.

Ces thermoscopes ont reçu comme avertisseurs d'incendies la forme suivante qui est assez simple. En face du bout libre de la bande droite de compensation, se trouve simplement une vis de contact (déplaçable), de sorte que le courant se ferme par toute température voulue, qui dépasse celle pour laquelle on a réglé l'instrument.

Ce genre d'avertisseurs peut être combiné naturellement de diverses manières, en restant dans le principe de la différence de dilatation de métaux soudés ensemble. Nous n'entrerons pas plus avant dans les détails de leur construction qui peut se faire de bien des manières, et nous aborderons le chapitre qui traite de l'établissement des circuits, en essayant de montrer à nos lecteurs comment on peut éviter les inconvénients, qui se produisent souvent dans les installations de sonneries électriques.

# CHAPITRE III

## Installation et pose des circuits. Règles à observer.

Comme dans les installations qui servent à la télégraphie, il faut dans les circuits établis dans nos maisons pour le service des sonneries et des signaux électriques et bien qu'ils soient d'une étendue de beaucoup inférieure, observer avec soin les règles suivantes :

I. Chacune des parties de l'installation doit parfaitement remplir la fonction qui lui est propre; il faut que la batterie ou toute autre source de courant employée soit en mesure d'indiquer constamment l'action de la sensibilité plus ou moins grande ou médiocre de l'appareil, que le circuit conduise le courant électrique rapidement et avec sûreté du point d'appel à celui de réception, qu'il ne présente par conséquent, au courant une résistance plus grande que celle nécessitée par la nature du métal employé et la longueur nécessaire, et qu'enfin les conducteurs ne se trouvent nulle part en contact métallique, sauf leur extrémité, avec des corps intermédiaires qui pourraient établir une communication avec eux; enfin qu'il soit, dans son étendue entière, aussi complètement isolé que possible.

II. L'installation totale doit être fixe et suffisamment solide, autant pour résister à des influences extérieures, que pour avoir une durée convenable.

III. Toutes les parties de l'installation, et en particulier les fils conducteurs, doivent être posés visiblement, afin que tout dérangement accidentel puisse se trouver facilement, et être rapidement réparé.

IV. L'installation doit cependant être faite en se pliant le plus possible aux dispositions de la maison et ne point être une cause de désagrément pour les habitants.

L'accomplissement des deux premières conditions dépend particulièrement de la bonne qualité des matériaux que l'on emploie.

Pour les circuits à l'intérieur des bâtiments, on se sert exclusivement de fils de cuivre isolés.

Comme nous avons vu dans une autre partie de ce volume, le cuivre est un bon conducteur d'électricité, mais sa conductibilité est très influencée par la présence de corps étrangers.

Ainsi, par exemple, en additionnant du phosphore au cuivre, ou a pu abaisser sa conductibilité de 100, à l'état pur, jusqu'à 7,24. Le mélange de corps étrangers ne diminue seulement pas la conductibilité du cuivre, mais elle en détériore la qualité, le rend cassant et aigre, et il faut alors prendre de grandes précautions pour ne pas l'abimer en s'en servant.

1 mètre de fil de bon cuivre sur 1 millim. de diamètre pèse $7^{gr},1$ ; sur $1^{mm},5$ de diamètres, 16 gr.; sur 2 millim. de diamètre $28^{gr},4$.

Pour isoler le fil de cuivre dont on se sert généralement dans les circuits de sonnerie, et qui doit avoir un diamètre de 0,7 jusqu'à 1,2 millim., on choisit de préférence un enroulement en coton, bien ciré ou goudronné. Cette couverture se fait à simple ou à double enroulement, de la couleur voulue, afin que le fil que l'on place dans l'intérieur des appartements soit d'un aspect semblable à la peinture des murs, où à la couleur des tapisseries ou des papiers.

Dans les endroits légèrement humides et dans les bâtiments de construction récente, où les murs ne sont point entièrement secs, on choisira de préférence du fil recouvert de gutta-percha que l'on trouve également recouvert de fil de toutes couleurs. La gutta-percha est la sève laiteuse concentrée de différents arbres des tropiques, particulièrement des isonandra-gutta, qui croissent dans les îles de la Sonde à Bornéo, Java, Sumatra. La gutta-percha crue n'est point une masse uniforme, elle ressemble à peu près à des rognures de cuir brun rouge roulées légèrement ensemble. La gutta-percha purifiée a l'aspect d'une masse brune opaque; laminée en feuilles minces comme du papier, elle a la transparence de la corne. La surface de coupe doit avoir un aspect gras brillant et posséder une teinte plus claire que l'extérieur. A la température ordinaire, elle est raide et peu élastique; à 50° elle s'assouplit, à 70-80 on peut la pétrir, et c'est à cette température qu'on la travaille pour la couverture des fils télégraphiques. Le *caoutchouc* est également un produit de la sève laiteuse séchée de différentes plantes tropicales; il a un pouvoir isolant plus élevé que la gutta-percha, mais il est moins malléable et, par suite, plus difficile à travailler dans la couverture des fils.

Le caoutchouc vulcanisé est un mélange de caoutchouc et de soufre; en y ajoutant soit de la gomme laque, soit du sulfate de baryte en poudre, du plâtre, de la magnésie calcinée, de l'argile, etc., le caoutchouc vulcanisé prend une plus grande fermeté. Cette composition connue sous le nom d'ébonite, possède un grand pouvoir isolant; elle est très employée dans les diverses constructions d'appareils électriques.

On fait également une matière connue sous le nom de « kérite » en y mélangeant du quartz.

L'huile de caoutchouc s'obtient par la distillation du caoutchouc à l'état pur; il faut qu'elle possède la transparence de l'eau, et qu'elle soit d'une odeur intensive, mais point désagréable; elle brunit à l'air.

Pour la conduite des fils au-dessous des planchers, il est bon d'employer des fils, auxquels, outre la couche isolante, on donne encore un entourage préservatif particulier. On se sert souvent de câbles sous plomb. On les fait avec un ou plusieurs câbles. Chaque câble se compose d'un fil de cuivre de 1,5 millim. de diamètre autour duquel on presse de la gutta-percha et que l'on enveloppe de fil de chanvre goudronné. Le tuyau de plomb qui renferme ces fils préparés sert de préservatif et facilite, par suite de sa flexibilité, la pose du câble; il prévient en outre, en empêchant l'air de pénétrer, la décomposition de la gutta-percha. Comme dernière précaution, il est bon de remplir de paraffine fondue les espaces qui existent dans le tuyau entre le plomb et la gutta-percha, et les points où les câbles quittent ce tuyau.

La paraffine est fondue avant de s'en servir dans un vase de plomb, et posée dans cet état au moyen d'un pinceau sur les bouts libres des câbles et sur le bout du tuyau de plomb.

. Le plomb du tuyau doit avoir 1$^m$/$^m$,25 d'épaisseur, le fil recouvert de gutta-percha, sans entourage de chanvre, 4$^m$/$^m$,3, avec entourage de chanvre, 5 millimètres de diamètre. Le diamètre du câble sous plomb à une ligne est de 6$^m$/$^m$,5 et celui d'un câble de 4 lignes doit avoir 15 millimètres.

A la place de la gutta-percha, qui augmente beaucoup le diamètre des fils, on a employé récemment un entourage de jute, coton ou autres fibres de plantes trempées dans de l'huile de caoutchouc. Les fils sont enveloppés par les fibres d'abord en long, puis entourés une ou plusieurs fois. Ceci fait, on les met dans un récipient fermé hermétiquement, lequel, afin d'enlever toute l'humidité contenue dans les fibres, est mis en communication avec un deuxième vase, dans lequel se trouve un corps absorbant énergiquement l'eau. Enfin, on enlève l'air le plus possible au moyen d'une pompe, en même temps que l'on chauffe les parois du vase par la vapeur ou autrement. Lorsque l'on a ainsi fait disparaître l'humidité, on fait pénétrer par un robinet de l'huile de caoutchouc chaude, qui peut être mélangée avec de la résine ou des substances semblables, et on fait le vide de façon à ce que les pores de l'enveloppe se remplissent de la dissolution; enfin on retire les fils et on les essore.

Les fils sont alors, soit séparément, soit réunis en un câble de plusieurs lignes, placés sous une enveloppe de plomb.

Dans les câbles sous plomb fournis par la maison Berthoud, Borel et C$^{ie}$, les fils de cuivre sont d'abord enveloppés de fils de coton. Ainsi préparés, ils sont trempés dans une chaudière, dans laquelle on entretient un mélange de paraffine et de colophane à la température de 100°. Cette chaudière forme la partie supérieure d'une machine qui n'est autre chose qu'une presse hydraulique. Lorsque les fils entourés de cette matière isolante sortent de cette chaudière, ils se recouvrent d'une couche de plomb. Dans la marche du procédé, le câble de plomb tire après lui les fils qui passent par le mélange de résine et de colophane, qui remplit tous les espaces vides.

Lorsque, dans l'installation d'une maison, la ligne

passe en partie en plein air, il est bon d'employer des câbles sous plomb pour les parties extérieures et d'éviter d'exposer les fils de gutta-percha ordinaires sans enveloppe préservatrice particulière, à l'influence de l'air atmosphérique.

Pour les lignes à air libre à grande distance, on emploie du fil de fer étamé de $2^{m/m},5$ de diamètre, que l'on fixe au moyen de fils également étamés de 2 millimètres sur des isolateurs en porcelaine. L'emploi de fils de cuivre et de laiton pour ces sortes de ligne n'est

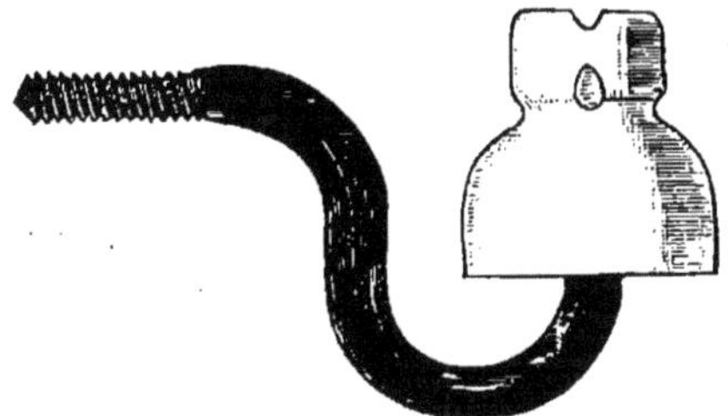

Fig. 40.

pas recommandable, car ils ne possèdent point la solidité suffisante, sans compter que leur ductibilité plus grande les empêche de se maintenir longtemps rigides entre les isolateurs; en outre, il se produit entre le laiton, c'est-à-dire entre le cuivre, et le fer, dans de certaines circonstances, aux points de contact, une action électrique, qui amène rapidement la rouille du fer et par suite sa destruction.

Une troisième qualité de fil de fer étamé de $1^{m/m},7$ de diamètre sert à relier les deux fils ensemble.

On emploie généralement comme isolateur pour les lignes aériennes, la double cloche de porcelaine représentée par la figure 40, fixée sur un crochet à vis.

Si l'on ne peut placer les isolateurs sur les bâtiments, il faut leur établir des points d'appui particuliers. Par considération économique, on emploie à cet effet d'habitude des bâtons de bois et, pour les dispositions de télégraphie de maison domestique, il suffit, comme préservatif contre la pourriture, d'entailler en forme de pointe la partie supérieure de ce piquet et de la recouvrir d'une double couche de goudron, ainsi que la portion que l'on fixe en terre. Si lorsque ce bâton a servi près d'un an, on recouvre encore une fois de goudron le bout de la barre en terre, et si on la laisse bien sécher avant de refermer le trou, la barre, quelle que soit la nature de la terre, sera en état de résister contre la pourriture pendant dix à douze ans.

Le brûlage des parties de bois qui doivent être enterrées n'offre de sûreté que lorsque cette opération est faite avec grand soin. Si l'on emploie des poteaux en fer, des conduites de gaz d'une épaisseur de paroi de 0,7 à 1 centimètre sont parfaitement suffisantes.

Pour leur donner une plus grande résistance, on peut les remplir de ciment.

Maintenant que nous connaissons les matériaux principaux qui sont nécessaires à l'établissement d'une installation de télégraphie domestique, nous allons donner la description des matériaux secondaires qui sont encore employés et le mode d'exécution qu'il convient d'adopter.

Avant de commencer une installation de ce genre, il faut examiner soigneusement les locaux où elle doit être faite, et en mesurer les diverses distances. Puis il faut dresser un plan aussi exact que possible de la disposition à établir. Dans ce plan, il faut marquer visiblement les endroits destinés à la pose des appareils, ainsi que les points d'attache des fils conducteurs, et y indiquer d'une façon distincte la marche du courant.

Ce n'est qu'à l'aide d'un plan ainsi détaillé qu'il est possible d'exécuter les travaux d'une manière convenable, et de trouver et de réparer rapidement les accidents qui peuvent se produire plus tard.

Les travaux d'exécution comprennent l'établissement des batteries et des appareils, et la pose des lignes. Le premier travail dépend principalement de la disposition des locaux, mais dans toutes les circonstances les règles suivantes doivent être observées :

I. La batterie doit être établie dans un endroit sec et clair, qui ne soit pas exposé à un grand froid, pendant l'hiver, ni à trop de chaleur pendant l'été.

Pour pouvoir vérifier à chaque instant l'état des éléments, il est bon de les établir sur une tablette, ou mieux dans une petite armoire à porte vitrée.

Il faut rejeter l'emploi de caisses dans lesquelles on peut à peine se rendre compte de l'état des communications sans pouvoir vérifier l'intérieur des éléments.

Les appareils doivent être disposés de façon à ce que les manipulations exigées pour l'entretien de la correspondance soient commodes à exécuter, que les signaux puissent être entendus ou vus distinctement et enfin que les dérangements, par suite des influences extérieures (humidité des murs, vapeurs d'eau, etc.), ou par malice ou négligence, soient autant que possible prévenus.

II. On doit placer les boutons d'appel à hauteur de la poitrine d'une personne de grandeur moyenne, de sorte qu'ils ne puissent être atteints que difficilement par des enfants; les tableaux indicateurs doivent être placés de manière à ce que les personnes appelées par la sonnerie soient forcées en se rendant aux endroits auxquels on a sonné, de passer devant sans faire de détours; pour les appareils où il y a des signes à lire, il faut les poser dans des endroits clairs, et éviter toujours autant que possible les endroits humides.

Une simple ligne dans laquelle il n'y avait que deux sonneries avec interrupteur automatique, dont l'une était placée dans la cuisine presque au-dessus du fourneau, fut, à peine après quinze jours d'installation, incapable de fonctionner, par suite de l'oxydation des contacts qu'avait produite la vapeur qui s'échappait des marmites. Il faut, dans un cas semblable, placer la sonnerie en dehors de la pièce.

Dans les usines où il se produit également des vapeurs, mais où les sonneries placées extérieurement ne pourraient être entendues à cause du bruit des machines, il faut construire des appareils avec des contacts particulièrement bien platinés, et même les enfermer dans des boîtes destinées à les préserver.

III. Les appareils doivent être placés de façon à être exposés le moins possible à des secousses, parce que les vis de réglage finiraient par se déplacer. Ainsi il faut, par exemple, éviter de susprendre les sonneries ou les tableaux indicateurs sur les murs où se trouvent des portes qui soient exposées à être fermées avec violence.

IV. Pour suspendre les appareils contre les murs, il faut employer des crochets de fer suffisamment forts.

Dans les boiseries, on visse simplement l'appareil dessus, sur les murs en pierres ou en briques, il est bon d'y fixer préalablement des morceaux de bois, dans lesquels on pose les crochets. A cet effet, on fait dans le mur, avec un ciseau, un trou dans lequel le morceau de bois puisse entrer facilement; avant de le mettre,

G

on humecte l'intérieur du trou, puis on introduit le bois et on remplit l'espace resté libre avec du plâtre fraîchement délayé, et gâché serré. Si l'on veut une solidité particulière on ajoute à la bouillie de plâtre du vinaigre et de la limaille de fer.

On ne doit placer les crochets que lorsque le plâtre est complètement sec.

Sur des murs bien secs, on peut se servir de fils isolés par une simple enveloppe de coton trempé dans de la cire et soutenus par des crochets en fer étamé de 15 à 30 millimètres de long.

On ne doit pas conseiller l'emploi de fils réunis ensemble sous la même enveloppe; car il arrive quelquefois que le coton se détache pour une cause quelconque, et cela donne lieu à des perturbations dans le service dont il est souvent très long de trouver la cause.

Si l'on doit placer les fils sous des papiers peints collés, il faut soigner particulièrement l'établissement de la ligne, afin de ne pas être exposé à arracher le papier par suite d'une interruption dans le circuit, et on ne doit alors employer que des fils recouverts de gutta-percha. On fait une espèce de rigole dans le mur, on y place les fils et on referme avec du plâtre ou du ciment. Dans les angles, il faut éviter de croiser les fils; et s'ils viennent à passer sur des corps métalliques, par exemple sur des tuyaux de gaz ou des conduites d'eau, il faut alors les isoler encore plus particulièrement par des entre-couches de bois ou de gutta-percha.

Pour établir la communication des fils entre eux, il faut nettoyer les bouts avec soin, les rouler ensemble, ou, ce qui est encore mieux, les souder ensemble. Une soudure faite avec trois parties d'étain et deux parties de plomb convient parfaitement. Quel que soit le mode de jointure, il faut la recouvrir de matière isolante et

de préférence avec une feuille de gutta-percha que l'on
ramollit par la chaleur.

Si les fils doivent traverser de la maçonnerie, il faut
les faire passer dans des tuyaux de bois, de zinc ou
d'ébonite.

Les accidents qui se présentent dans les installations
de télégraphie publique ou domestique sont produits
soit par un dérangement dans les appareils ou les batteries, soit par des interruptions dans les fils conducteurs, ou par des dérivations du courant qui occa-
sionnent souvent des fermetures de circuit.

Dès qu'une sonnerie ne marche plus, il faut avant
tout en connaître la cause. A cet effet, on intercale dans
la ligne un galvanoscope inspecteur. Si l'aiguille, quelle
que soit la nature des courants employés, n'accuse
point de déviation, c'est ou la batterie qui est en défaut,
ou bien il existe à quelque point du circuit une interruption. Pour s'assurer de plus près où est la faute, on
intercale, au moyen de deux fils courts, le galvanoscope
immédiatement dans le circuit du courant de la batterie; si l'aiguille n'est point déviée, il faut que chaque
élément soit examiné séparément de la même manière.
L'élément qui ne fonctionne pas, si ce n'est pas par
suite d'un mauvais serrage des fils de réunion avec
les autres éléments, doit être démonté complètement,
nettoyé, et ce n'est qu'après l'avoir éprouvé à no u-
veau que l'on peut l'intercaler dans la batterie.

Si, au contraire, l'aiguille du galvanoscope intercalé
en court circuit dans la batterie accuse une forte déviation, le défaut doit être recherché dans les appareils ou
dans les fils conducteurs. Pour continuer les recherches,
on descend alors tous les appareils l'un après l'autre,
en réunissant ensemble par un fil les bornes sur lesquelles sont fixés les fils conducteurs de la ligne.

Si le courant continue à passer dans ces conditions, c'est l'appareil sur lequel on opère qui se trouve en mauvais état. Si c'est par exemple, une sonnerie à réveil, avec interrupteur automatique, de la construction représentée par la figure 18, il faut, pour savoir si l'interruption se trouve dans les bobines de fil M ou dans les parties métalliques de l'interrupteur automatique, établir une communication entre la borne $b$ et la vis $d$. Si, après cette communication, il y a attraction de l'armature, les fils d'enroulement sont sans défaut. On nettoiera alors le ressort de contact $f$ et la pointe de contact $c$, et, s'il est nécessaire, on dévissera le premier et l'on nettoiera les surfaces de contact des impuretés qui peuvent s'y trouver, après quoi, sans aucun doute, la sonnerie sera de nouveau en état de fonctionner.

Si c'est le fil d'enroulement qui est endommagé, il faut que l'appareil soit remis à un mécanicien pour être réparé.

Si l'on reconnaît que l'accident provient d'une interruption dans les fils conducteurs, et si plusieurs appareils sont intercalés dans ce circuit, on trouvera rapidement le point défectueux en reliant successivement les appareils, le premier appareil à la batterie, le deuxième au premier et ainsi de suite. Dès que les appareils répondent, la faute est trouvée, elle existe dans la partie dans laquelle la dernière communication a été établie d'appareil à appareil.

Toutefois ces accidents ne peuvent se présenter que très rarement, si l'on a employé de bons matériaux et fait l'installation avec soin. Cependant, il peut survenir des accidents qu'il est impossible de prévoir, et pour les trouver plus sûrement et plus rapidement, il est nécessaire de n'entreprendre aucune recherche sans avoir bien examiné le plan de l'installation générale, et ces recherches doivent, autant que possible, être faites par des personnes au courant de l'installation ainsi que de la nature des appareils et de la batterie employée à les actionner.

# CHAPITRE IV

----

**Exemples de pose et d'installation.**

Dans les chapitres qui précèdent, nous avons décrit les principaux appareils qui sont employés dans les sonneries électriques, la manière d'établir les circuits, etc. Dans les lignes qui vont suivre, nous allons donner quelques exemples des installations les plus généralement employées, afin de mettre le lecteur à même de monter lui-même celles dont il pourra avoir besoin, tout en lui conseillant, lorsque ce travail aura une certaine importance, d'en confier l'exécution aux industriels qui s'occupent spécialement de cette branche de l'électricité.

### Installation d'une sonnerie avec un seul appel.

C'est l'installation la plus simple que l'on puisse avoir à faire.

Elle comprend un bouton d'appel, une sonnerie, une batterie et les fils qui constituent le circuit.

La pose se fait comme l'indique la fig. 41.

Comme on le voit par le dessin il faut réunir au moyen des fils :

1. Un des pôles de la batterie avec un des ressorts du bouton d'appel;

2. Le deuxième pôle de la batterie avec une des bornes de la sonnerie;

3. Et la deuxième borne de la sonnerie avec le deuxième ressort du bouton d'appel.

*Installation de plusieurs appels sur une seule sonnerie*

Cette installation est une des plus fréquentes. Les domestiques se trouvant presque toujours au même en-

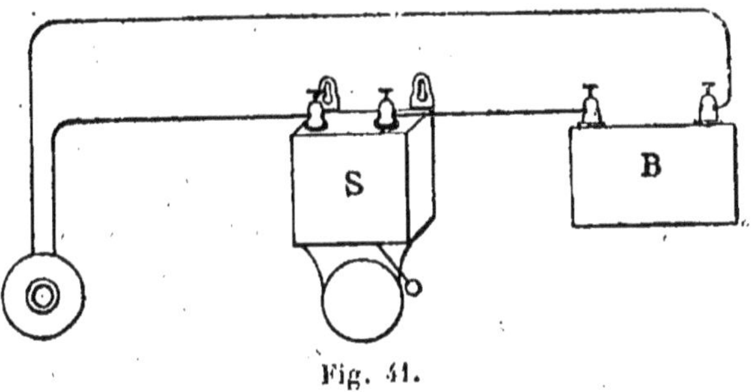


Fig. 41.

droit et sachant où sont leurs maîtres, suivant les heures auxquelles on les sonne, elle suffit dans bien des cas, surtout pour les petits appartements.

La fig. 42, supposée pour trois boutons d'appel, nous montre comment doit se faire la pose d'une installation de ce genre.

Elle comporte les mêmes appareils que la précédente, sauf le nombre des boutons d'appel qui peuvent être aussi nombreux qu'on le désire.

Comme le montre le dessin, il faut opérer la pose comme dans le cas précédent, c'est-à-dire installer le bouton d'appel le plus éloigné comme s'il était seul, et brancher chaque autre bouton d'appel sur les fils de celui-ci, en mettant en communication un des ressorts de chaque autre bouton avec le fil du bouton dont nous venons de parler, allant de ce bouton à la batterie, et le deuxième ressort de chaque autre bouton avec l'autre fil de ce même bouton qui va de ce bouton à une des bornes de la sonnerie.

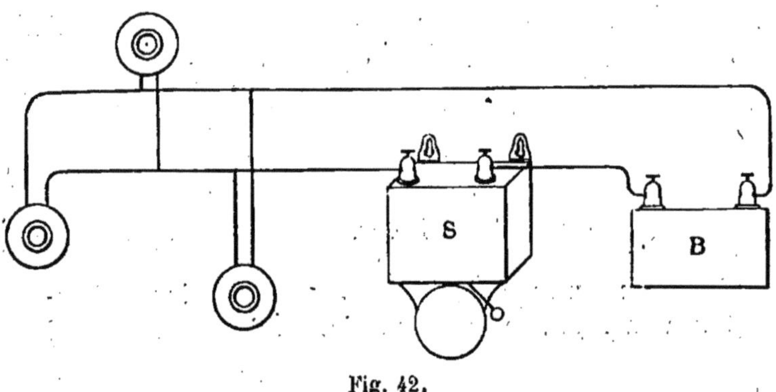


Fig. 42.

*Installation de plusieurs sonneries sur un seul appel.*

Ce cas ne se présente guère que dans l'installation pour les portes d'entrée de rue ou d'appartement, quand on désire que la sonnerie se fasse entendre simultanément dans l'antichambre et dans la cuisine par exemple.

La fig. 43 nous montre comment doit être faite une installation de ce genre.

On réunit un des ressorts du bouton d'appel avec une des bornes de la sonnerie la plus éloignée, puis la deuxième borne de cette sonnerie avec un des pôles de la batterie et le deuxième pôle de la batterie avec le deuxième ressort du bouton d'appel; ceci fait, on opère comme dans le cas précédent, en réunissant les bornes

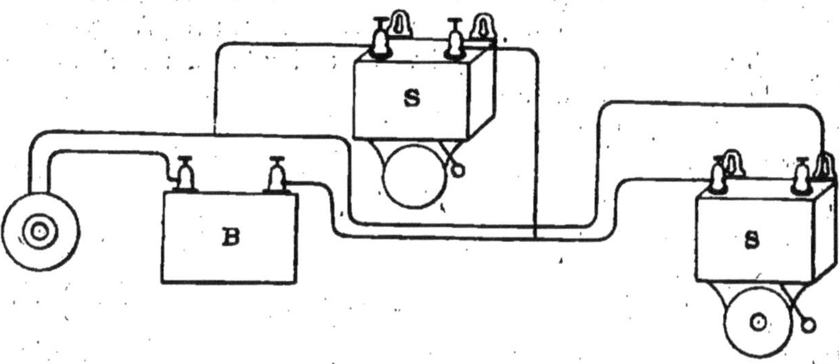

Fig. 43.

de chaque autre sonnerie, une avec le fil qui va du bou-ton à la sonnerie la plus éloignée, l'autre avec le fil

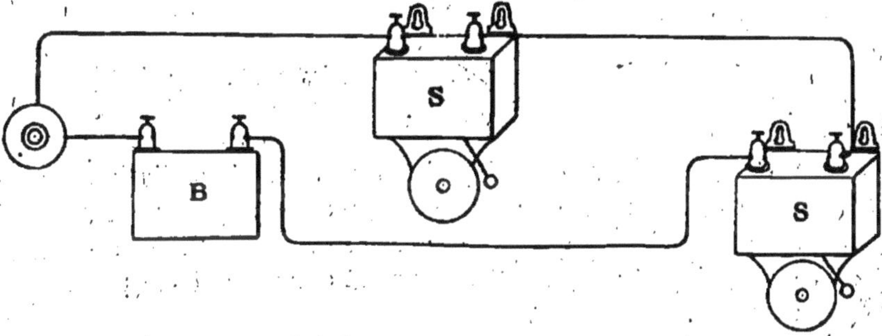

Fig. 44.

qui relie cette sonnerie à un des pôles de la batterie.

Les sonneries ainsi disposées sont montées en déri-vation, on pourrait les disposer en tension comme le montre la fig. 44.

On relie un des ressorts du bouton d'appel avec une des bornes de la première sonnerie, la deuxième borne de cette sonnerie avec la première de la deuxième sonnerie, la deuxième borne de cette sonnerie avec un des pôles de la batterie et le deuxième pôle de la batterie avec le deuxième ressort du bouton d'appel ; toutefois, il faut qu'il n'y ait qu'une sonnerie qui possède un interrupteur, toutes les autres devant avoir leur électro-aimant fermé.

*Installation de sonnerie avec tableau indicateur.*

Ces installations se pratiquent en général pour les grands appartements où l'on désire que le domestique appelé sache aussitôt d'où vient l'appel, et plus souvent encore pour le service des bureaux, administrations publiques, hôtels, etc.

L'installation n'est guère plus compliquée que pour les cas que nous venons de citer, et se fera comme le montre la fig. 45.

On voit par cette figure qu'il faut relier un des pôles de la batterie avec la première borne du tableau indicateur et avec un des ressorts de chacun des boutons d'appel, et le deuxième pôle de la batterie avec la première borne de la sonnerie et la seconde borne du tableau indicateur ; puis il faut mettre en communication la troisième borne du tableau indicateur avec la seconde borne de la sonnerie et le deuxième ressort de chacun des boutons d'appel avec les bornes correspondantes du tableau indicateur.

Les figures 46 et 47 représentent le modèle de tableau indicateur le plus généralement employé. Il est évident que le nombre de mots ou de chiffres peut être aussi étendu que l'exige le service.

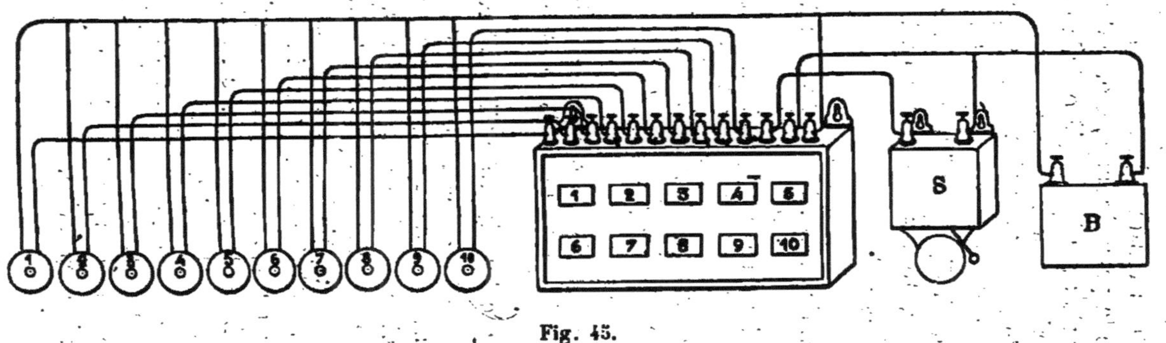


Fig. 45.

Dans les administrations, un tableau placé dans le vestibule où se tiennent les garçons suffit généralement. Dans les hôtels, châteaux, il est d'usage de placer un tableau indicateur dans l'antichambre et un second dans les combles, à proximité des chambres des domestiques.

Dès que le domestique appelé par la sonnerie a re-

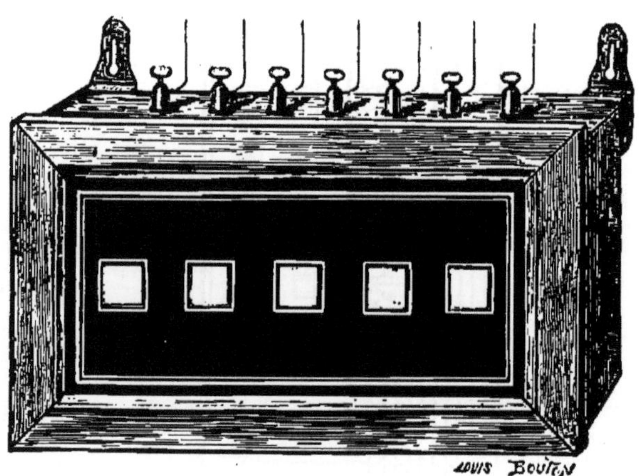



Fig. 46.

connu le lieu d'appel d'après le chiffre visible (fig. 47) il doit, en appuyant sur un bouton placé au bas ou sur un des côtés de la caisse, faire disparaître le numéro apparu. De cette façon on évite les erreurs que d'autres appels successifs ne manqueraient pas de produire.

La description de la pose des diverses installations de sonneries électriques que nous venons de donner, bien que ne présentant pas la totalité des cas qui peuvent se présenter, suffira certainement à tout lecteur pour

résoudre l'installation et opérer la pose de tout système
de sonnerie qui lui sera offert, en se rapportant aux
cas spéciaux que nous venons d'exposer et aux détails
généraux d'installation et de pose que nous avons établis dans les chapitres qui précèdent.

Fig. 47.

Nous terminerons donc celui-ci en donnant une liste
des prix des objets ordinairement employés dans les
installations de sonneries électriques.

Ces prix varieront naturellement un peu suivant la
nature des matériaux employés dans la confection des
appareils, mais tels qu'ils sont, ils suffiront pour dresser
le devis approximatif d'une installation faite dans les
conditions et avec les matériaux ordinaires.

## BATTERIES

|  | fr. | c. | fr. | c. |
|---|---|---|---|---|
| Elément Léclanché, suivant grandeur . | 3 | » à | 5 | » |
| — au sulfate de cuivre, — . . | 2 | » | 4 | » |
| — — — à ballon, — . . | 5 | » | 7 | » |
| — à acide chromique à courant constant de la société *Le Chrome*, remplaçant deux des éléments ci-dessus comme tension et pouvant alimenter comme quantité les appareils les plus puissants . . . . . . . . . | 9 | » | » | » |

## APPAREILS

|  | fr. | c. | fr. | c. |
|---|---|---|---|---|
| Bouton d'appel en bois ordinaire . . . | » | 75 | 1 | 25 |
| — — en porcelaine . . . . . | 1 | » | 1 | 25 |
| — — en bois d'ébène . . . . . | 2 | » | 2 | 25 |
| — de tirage pour portes de rue ou d'appartement . . . . . . . | 3 | » | 5 | » |
| — en forme de poire suspendue . . | 3 | » | 4 | » |
| — pour chaque conduite en plus. . | » | 75 | 1 | » |
| Sonnerie à simple coup . . . . . . . | 5 | » | 8 | » |
| — trembleuse suivant la grandeur du timbre . . . . . . . . . . | 6 | » | 15 | » |
| Tableau indicateur, par numéro environ | 1 | » | » | » |
| Contact de porte ou de fenêtre . . . . | 2 | » | 5 | » |
| Contact de pied . . . . . . . . . | 2 | » | 5 | » |

## FILS CONDUCTEURS

|  | fr. | c. | fr. | c. |
|---|---|---|---|---|
| Fil recouvert de coton et ciré les 100 m. | 6 | » | 10 | » |
| — double couverture. . . . . . | 8 | » | 15 | » |
| — recouvert de gutta suivant grosseur. . . . . . . . . . . | 10 | » | 20 | » |

|                                                             | fr. | c. | fr. | c. |
|-------------------------------------------------------------|-----|----|-----|----|
| Câble de plomb à 1 conducteur, le mètre                     | »   | 75 | »   | » |
| — — — à 4 conducteurs, le mètre                             | 2   | 50 | »   | » |
| Fil de fer galvanisé de 2$^{mm}$ épaisseur, les 50 kil.    | 30  | »  | »   | » |
| Isolateurs en porcelaine pour suspendre les fils, le 100.   | 10  | »  | 20  | » |
| Crochets émaillés, suivant grosseur.                        | 3   | »  | 5   | » |

# CHAPITRE V

## Calculs des intensités de courant nécessitées dans la pratique.

D'après ce que nous avons dit en commençant, il faut, pour un nombre d'éléments donné, choisir la disposition dans laquelle la résistance intérieure s'approche le plus de la résistance extérieure ou lui est semblable.

Ainsi, si étant donné $n$ éléments, $x$ de ces éléments sont intercalés en tension et $y$ en quantité, nous aurons

$$1 = \frac{ex}{\frac{xr}{y} + l}$$

et la valeur de I atteindra son maximum lorsque

$$\frac{xr}{y} = l.$$

Exemple : si nous augmentons d'abord la résistance intérieure en intercalant non point $y$ mais $\frac{y}{a}$ élément en quantité et après $a\,x$ éléments en tension (le produit des éléments intercalés en tension et en quantité doit rester toujours $x\,y = n$), nous aurons alors

$$I_1 = \frac{axe}{\frac{axr}{y/a} + l} = \frac{axe}{\frac{a^2 xr}{y} + l} + \frac{xe}{\frac{axr}{y} + \frac{l}{a}}.$$



7

Nous disons maintenant que l'intensité 1 obtenue par le premier groupement est plus grande que l'intensité $I_1$ du dernier, c'est-à-dire que

$$\frac{xe}{\frac{xr}{y}+l} > \frac{xe}{\frac{axr}{y}+\frac{l}{a}}.$$

D'après ce qui précède $\frac{x\,r}{y} = l$, d'où il résulte que

$$\frac{xe}{l+l} = \frac{xe}{2l} > \frac{xe}{al+\frac{l}{a}}$$

Comme les nombres des deux fractions sont les mêmes et que la valeur d'une fraction diminue à mesure que son nominateur augmente, il ne nous reste plus à démontrer que

$$al+\frac{l}{a} > 2l$$

Si nous admettons que $a = 1$ : nous avons

$$al+\frac{l}{a} = 2l$$

Mais si $a$ est $> 1$, ce qui doit être le cas, puisque nous augmentons le nombre des éléments intercalés en tension en les multipliant avec $a$, et que nous diminuons celui des éléments intercalés en quantité en les divisant, nous avons donc toujours

$$al+\frac{l}{a} > 2l,$$

et par suite :

$$1 > I_1.$$

Pour montrer maintenant que même en diminuant la résistance intérieure, l'intensité maximum du courant

$$I = \frac{xe}{\dfrac{xr}{y} + l}$$

n'est point atteinte, comparons avec celle-ci l'intensité que fournissent $n$ éléments, desquels $a\,y$ sont intercalés en quantité et $\dfrac{x}{a}$ en tension.

$$I_2 = \frac{\dfrac{x}{a}e}{\dfrac{\dfrac{x}{a}r}{ay} + l} = \frac{xe}{\dfrac{xr}{ay} + al}$$

Si l'on ajoute maintenant que

$$I > I_2$$

$$\frac{xe}{\dfrac{xr}{y} + l} > \frac{xe}{\dfrac{xr}{ay} + al}$$

ou que le nominateur de la deuxième fraction est plus grand que celui de la première :

$$\frac{xr}{ay} + al > \frac{xr}{y} + l$$

$$\frac{xr}{y} = l$$

$$\frac{l}{a} + al > 2l$$

comme $a$ est plus grand que 1 il s'en suit que

$$1 > I_2$$

*Problème* 1. — Pour faire fonctionner une sonnerie de $m = 6$ U S de résistance, qui est intercalée dans une ligne $l = 10$ U S, on doit employer huit éléments à ballon Meidinger de $r = 8$ U S de résistance chacun.

Quelle est la disposition qui donnera le courant le plus intense.

La résistance extérieure est ici $m + l = 6 + 10 = 16$ U S.

Le courant le plus intense sera donc obtenu lorsque

$$\frac{xr}{y} = 16\,\text{US}$$

Le produit du nombre des éléments en tension et de ceux disposés en quantité est égal au nombre général donné :

$$xy = n = 8$$
$$y = \frac{n}{x} = \frac{8}{x}$$

De l'équation $\dfrac{xr}{y}$ il résulte que

$$y = \frac{xr}{16}$$

ou, comme $r = 8\text{US}$.

$$y = \frac{8r}{16}.$$

Si nous admettons comme égales les deux valeurs pour $y$ nous avons :

$$\frac{8}{x} = \frac{8x}{16}$$

$$\frac{1}{x} = \frac{x}{16}$$

$$x_2 = 16$$

$$x = \sqrt{16} = 4$$

$$y = \frac{n}{x} = \frac{8}{x} = \frac{8}{4} = 2$$

Des huit éléments donnés, et par suite de la résistance extérieure, il faudra disposer quatre éléments en tension et deux éléments en quantité.

*Problème 2.* — Un élément Leclanché ayant comme force électromotrice $e = 1$ et comme résistance $r = 4$ U S est fermé par une sonnerie de $m = 12$ U S de résistance et celle-ci fonctionne convenablement. Combien faudra-t-il intercaler d'éléments, si cette sonnerie se trouve dans une ligne ayant 36 U S de résistance, et si elle doit fonctionner comme elle faisait auparavant.

Le courant qui agit sur la sonnerie fermée sur un élément a pour intensité :

$$S = \frac{e}{r+m} = \frac{1}{4+12} = \frac{1}{16}$$

Si nous désignons par $x$ le nombre des éléments à intercaler pour produire la même force de courant avec l'augmentation de la résistance extérieure de $l = 36$ U S : nous avons :

$$I = \frac{1}{16} = \frac{(1+x)\,e}{(1+x)\,r + m + l}$$

$$\frac{1}{16} = \frac{1+x}{(1+x)\,4 + 12 + 36} = \frac{1+x}{4x + 52}$$

$$4x + 52 = 16 + 16x$$

$$52 - 16 = 16x - 4x$$

$$36 = 12x$$

$$x = \frac{36}{12} = 3.$$

Il faut donc joindre à ces éléments trois éléments nouveaux, c'est-à-dire employer quatre éléments, pour que dans une ligne possédant 36 U S de résistance, la sonnerie fonctionne comme elle le faisait auparavant avec un élément.

Nous pourrions donner d'autres exemples, mais cela nous entraînerait trop loin ; ceux que nous venons de décrire et ce que nous avons déjà dit au commencement de ce volume sur les meilleures dispositions à prendre pour obtenir d'une batterie donnée le meilleur rendement pour un cas déterminé, suffiront pour permettre à nos lecteurs de résoudre tous les problèmes qu'ils rencontreront dans la pratique pour l'installatio n des sonneries électriques et pour déterminer la meilleure disposition qu'il y a lieu de donner aux éléments chargés de les actionner.

# CHAPITRE VI

**Les sonneries électromagnétiques.**

Nous ne saurions terminer ce volume sans dire quelques mots des sonneries électromagnétiques, qui sont sans doute appelées dans l'avenir à remplacer les systèmes actuellement employés.

Depuis que les sonneries, et en général les appels électriques, sont entrés dans le domaine des applications journalières, la pile a toujours été la principale source d'électricité utilisée pour fournir le courant aux appareils employés. Elle présente, toutefois, beaucoup d'inconvénients, parmi lesquels il faut mentionner les soins d'entretien qu'elle exige, surtout lorsque la batterie est considérable. Aussi a-t-on cherché depuis longtemps à remplacer la pile par d'autres générateurs de courant.

On a imaginé les combinaisons les plus diverses pour produire des signaux acoustiques sans avoir recours à la pile, mais malheureusement elles n'ont donné aucun résultat pratique; les unes ont échoué complètement, les autres employant, pour produire un résultat pouvant entrer jusqu'à un certain point dans la pratique, des appareils volumineux et peu commodes à manier, s'écartaient par cela même du but à atteindre.

Cependant, d'après un article paru dans le journal la *Lumière Électrique*, n° du 18 avril 1885, auquel nous empruntons ces renseignements, cette question serait aujourd'hui résolue, et il existerait un appareil qui

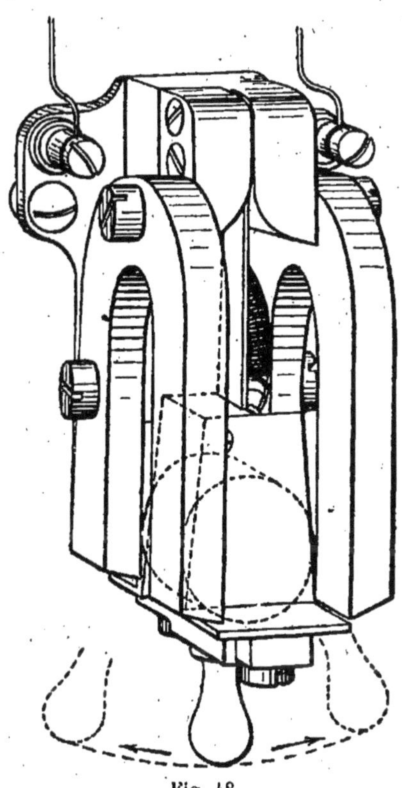

Fig. 48.

par sa forme et ses dimensions se trouverait industriellement capable de satisfaire à toutes les exigences de la pratique.

Dans les appareils antérieurs on produisait le courant en faisant tourner devant les pôles d'un aimant une ou plusieurs bobines, et la production de ce mouvement nécessitait naturellement l'emploi de roues avec engrenages ou transmissions qui rendaient les appareils très complexes.

Dans le nouveau système le mouvement rotatoire se trouvait primitivement remplacé par un mouvement d'oscillation et l'appareil réduit à une simple bobine de fil de cuivre isolé oscillant entre les branches d'un électro-aimant comme le représente la fig. 48.

Si l'on écarte la bobine de sa position de repos dans un sens quelconque et qu'on lâche le bouton servant à la manœuvre, elle se mettra à osciller en passant rapidement devant les pôles de l'aimant. Dans ce mouvement le magnétisme du noyau varie d'un instant à l'autre, en même temps que les spires de la bobine coupent les lignes de force de l'aimant : de là une série de courants alternatifs. Nous remarquerons d'ailleurs, en passant, que la cause prépondérante dans la production des courants induits, est l'aimantation et la désaimantation du noyau, l'induction dynamique proprement dite ne jouant qu'un rôle secondaire.

Ces courants étaient envoyés dans un appareil récepteur qui rappelle la construction du premier. Par le fait, il eût pu avoir la même forme que le transmetteur, car toute machine de ce genre est reversible et quand on réunit électriquement deux transmetteurs et qu'on fait marcher l'un d'eux, l'autre se met à vibrer.

D'une manière générale, on pouvait employer les sonneries de tous les autres systèmes, ou même de simples relais polarisés, transformés en sonnerie par l'adjonction d'un timbre et d'un battant.

Le récepteur (fig. 49), fut en réalité construit de la manière suivante : entre deux aimants recourbés pouvait osciller une bobine à noyau de fer plat. Sur cette bobine était fixé le battant de la sonnerie qui frappait

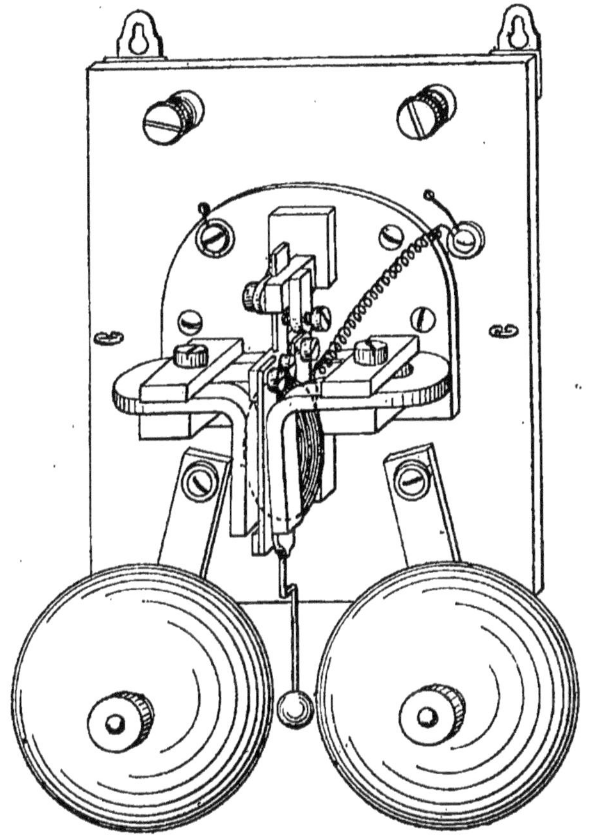

Fig. 49.

contre deux timbres placés à la partie inférieure de
l'appareil.

Le transmetteur envoyant des courants alternative-

ment positifs et négatifs, à chaque émission du courant
le noyau de la bobine change de polarité et est attiré
dans un sens ou dans l'autre. Ces mouvements étaient
assez rapides et exécutés avec assez de force pour
produire sur les timbres un bruit égal à celui des sonneries électriques ordinaires.

Le système n'était pas encore parfait, mais le pro-
grès accompli était net; on pouvait faire marcher une
sonnerie sans pile en ne demandant à la main qu'un
travail analogue à celui qu'elle fait pour presser le
bouton de contact d'une sonnerie ordinaire.

Quant à la distance à laquelle l'appareil pourrait
fonctionner, il était évident qu'elle serait très grande
en raison de la tension des courants induits. C'est
d'ailleurs ce qui fut confirmé par l'expérience.

L'appel sonne aussi bien sur une ligne télégraphique
d'une cinquantaine de kilomètres que sur un circuit de
sonnerie ordinaire.

On pouvait donc déjà entrevoir la possibilité de faire
fonctionner sans pile les installations des sonneries
domestiques, d'appliquer le système à différents autres
genres de signaux, tels que ceux des chemins de fer, et,
chose plus importante encore, de supprimer complètement la pile en téléphonie en employant uniquement
à côté de l'appel magnétique le téléphone magnétique.

C'est en vue de ces applications qu'il était important
de perfectionner les appareils et d'élargir le système.

A la suite d'expériences nombreuses et de transfor-
mations successives dues à des études suivies et à de
soigneuses observations, le problème de la sonnerie
magnétique d'appartement se trouve résolu d'une
façon pratique.

Le transmetteur représenté par la fig. 50 est d'un
maniement facile, le plus léger coup de doigt le met en

mouvement, il se fixe aisément aux murs ; monté sur

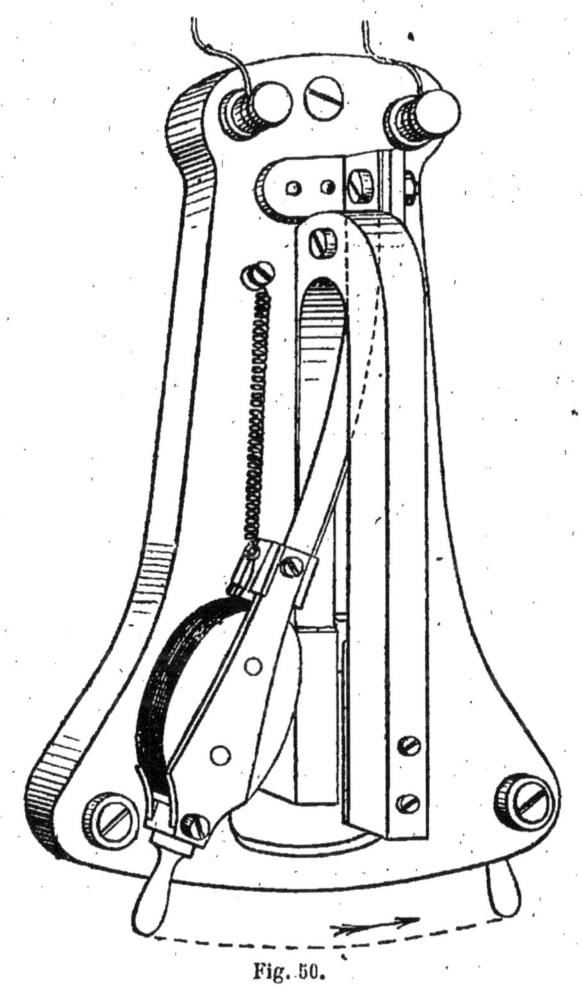

Fig. 50.

un socle lourd, il peut faire presse-papier et servir

d'appel de bureau ; disposé convenablement au-dessus

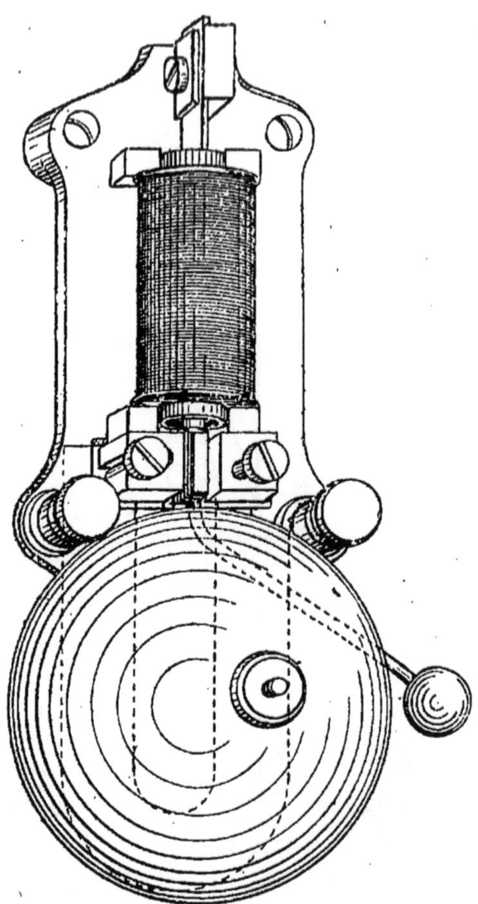

Fig. 51.

d'une porte, il est tout prêt à fonctionner comme avertisseur par le simple jeu de la porte, en un mot il se prête à toutes les exigences.

Quant au récepteur il a subi les mêmes perfectionnements.

Dans la forme primitive de la sonnerie le fil de la bobine était mobile en même temps que son noyau. Dans le nouveau modèle, c'est le noyau seul monté sur le ressort qui est mobile. On a ainsi l'avantage d'avoir la partie mobile beaucoup plus légère.

La fig. 51 représente l'aspect général de ce récepteur.

Les spires de la bobine réceptrice entourent le noyau en fer doux. Une des extrémités de ce noyau est fixée à un ressort, l'autre, qui se trouve placée entre deux projections des pôles d'un aimant, porte le battant de la sonnerie. L'aimant est disposé sous la sonnerie.

D'autres dispositions ont été étudiées pour les cas spéciaux où elles doivent être utilisées, signaux de chemin de fer, téléphonie privée et militaire, etc. Leur description nous entraînerait trop loin. Nous nous arrêterons aux quelques indications que nous venons de donner sur les appareils qui se rapportent spécialement au sujet dont nous nous occupons ici, renvoyant le lecteur pour tous autres renseignements au journal la *Lumière Électrique*, ou à la Compagnie de signaux magnétiques et communications téléphoniques qui s'occupe exclusivement de cette intéressante et si importante question.

FIN

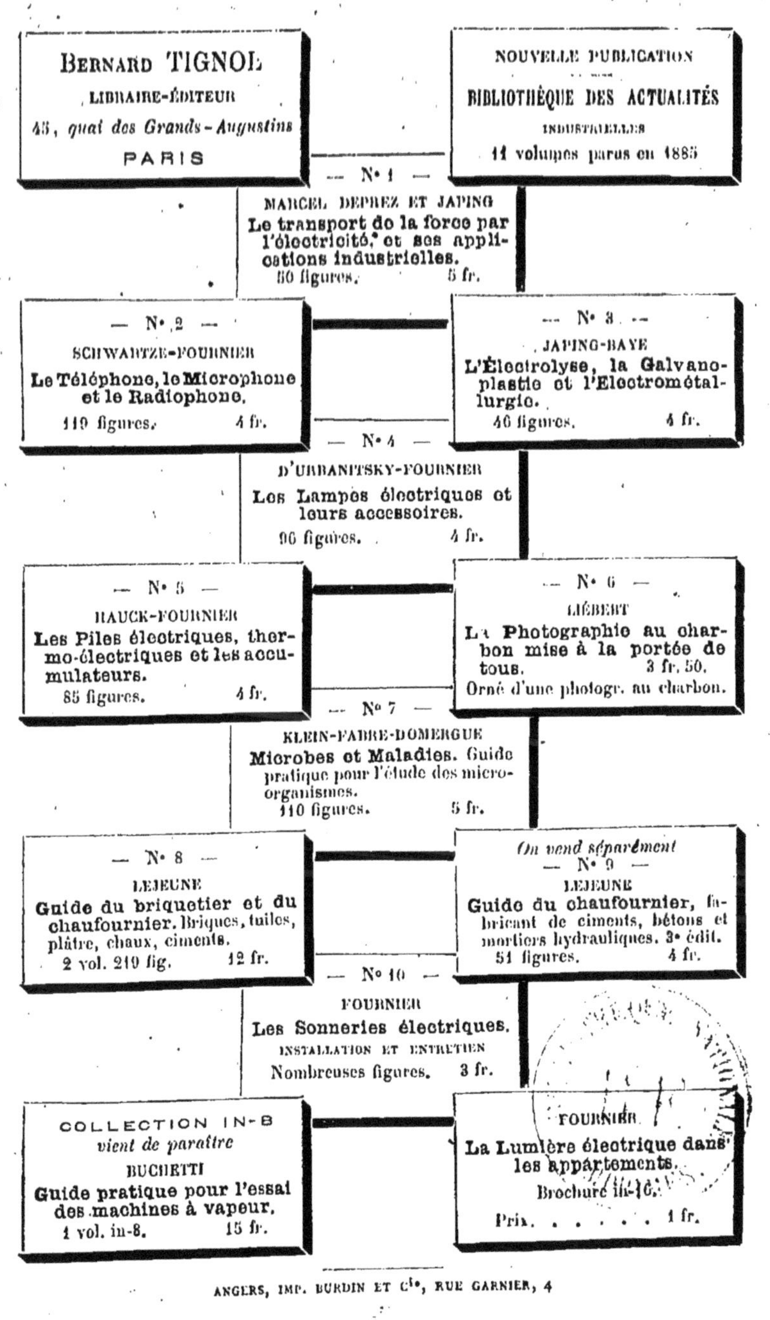




ANGERS, IMP. BURDIN ET Cie, RUE GARNIER, 4